박헌영 트라우마

박헌영 트라우마

제1판 제1쇄 발행일 2013년 4월 17일
제1판 제1쇄 수정판 발행일 2013년 6월 9일

글 | 손석춘
기획 | 책도둑(김민호, 박정훈, 박정식)
디자인 | 이안디자인
발행인 | 김은지
발행처 | 철수와영희
등록번호 | 제319-2005-42호
주소 | 서울 마포구 망원1동 386-2 양경회관 302-1호
전화 | (02)332-0815
팩스 | (02)6091-0815
전자우편 | chulsu815@hanmail.net

ⓒ 손석춘, 2013

* 이 책에 실린 글 자료와 사진들은 원경 스님과 '이정박헌영기념사업회'의 도움을
 받았습니다.
* 이 책에 실린 내용 일부나 전부를 다른 곳에 쓰려면 반드시 저작권자와 철수와영희
 모두한테서 동의를 받아야 합니다.
* 책값은 뒤표지에 있습니다.

ISBN 978-89-93463-42-2 03300

박헌영 트라우마 – 그의 아들 원경과 나눈 치유 이야기

글 | 손석춘

1948년 여름 묘향산에서. 박헌영과 김일성은 묘향산에서 사뭇 다정한 표정으로 기념촬영을 하였다. 앞줄 왼쪽 두 번째부터 김일성, 박헌영, 허가이.

들어가는 말

남과 북 모두의 역사적 트라우마

"역사는 과거를 잊은 민족에게 반드시 보복한다." 딱히 역사를 공부하는 사람만이 아니라 모든 독자가 깊이 새겨볼 만한 경구다.

실제로 지금 여기서 우리가 살아가는 삶은 과거의 축적물이다. 동시에 그 삶의 현실은 미래를 담고 있다. 내일을 열어가는 힘 또한 작금의 현실 어느 곳인가에 숨 쉬고 있기 때문이다. 현실은 과거의 열매이자 미래의 씨앗이다.

20세기 한국의 역사는 파란만장했다. 말 그대로 파도의 물결이 만장에 이를 만큼 곡절 심했다. 바로 그 역사의 굴곡을 상징하는 사람이 있다. 20세기를 살았던 한국인 가운데 그만큼 파란이 만장했던 사람을 찾기 어렵다. 물론, 식민지와 분단 시대를 통과해온 20세기 한국사에는 숱한 피 울음이 트라우마로 엉켜 있다. 수백만 명의 생때같은 목숨을 앗아간 한국전쟁은 그 파도의 정점이었다. 그 사람 또한 그 거센 파도 가장 높은 곳에 서 있었다.

그 사람 이름은 박헌영.

젊은 세대 가운데 그의 이름을 알고 있는 사람은 많지 않다. 더구나 그가 누구인가를 정확히 알고 있는 사람은 거의 없다. 거기에는 이유가 있다. 남쪽에서 지난 60년 넘도록 그의 이름은 '금기'였다. 박헌영이야말로 '빨갱이 중의 빨갱이'였다. 하지만 다음 물음에 차분히 답해보길 권한다.

독자가 일본 제국주의 강점기에 살았다면, 독립운동을 위해 당신이 눈 똥을 먹을 수 있는가? 상상만 해도 욕지기 날 성싶다. 그런데 그걸 실행에 옮긴 사람이 있다. 그렇다. 항일운동으로 감옥에 갇힌 박헌영은 똥을 먹었다. 정신병자로 풀려나자 곧장 독립운동에 다시 나섰다.

소설 『상록수』로 유명한 작가 심훈은 경기고등학교 같은 반 친구였던 박헌영을 위해 시를 썼다. 박헌영의 아내 주세죽은 당시 잡지 〈삼천리〉에서 "동양 고전화 속에서 고요히 빠져나온 듯한 우아하고 수려한 미인"으로 칭송받았다.

그럼에도 박헌영은 그 우정과 그 사랑에 매몰되지 않았다. 악명 높은 감옥의 잔인한 고문도 그를 굴복시키지 못했다. 박정희가 일본 육사에서 일본 왕에게 충성을 굳게 맹세하고 있을 때, 대다수 자칭 '민족주의자'들이 일제의 앞잡이로 전락해갈 때, 박헌영은 불굴의 의지로 독립운동을 이어갔다. 1945년 8월 15일 일본 왕이 항복했던 그 시점에 압록강-두만강 아래 한반도에서 가장 강력한 항일세력의 지도자가 바로 박헌영이었다.

해방 직후에도 마찬가지였다. 그는 조선 공산주의 운동의 최고 지도자였다. 해방 직후 조선공산당은 남북을 아우르고 있었고 박헌영은 그 당의 대표였다. 김일성은 그 아래 있었다.

그런데 '조선의 레닌'으로 불렸던 조선공산당의 지도자, '빨갱이 중의 빨갱이' 박헌영은 한국전쟁이 휴전으로 막을 내린 뒤 처형당했다. 박헌영에게 사형선고를 내리고 집행한 사람은 독재자 이승만이 아니었다. 이승만을 적극 지원해준 미국도 아니었다.

박헌영을 처형한 사람, 그는 김일성이었다. 김일성은 박헌영을 "미 제국주의의 간첩"으로 몰아 그는 물론 남쪽에서 올라간 공산당 고위간부들을 무더기로 처형했다.

평양이 기술한 항일투쟁의 역사에서 박헌영의 발자취는 흔적도 없이 지워졌다.
바로 그래서였다. 남쪽의 진보운동 쪽에서도 다수가 '김일성 주석'을 의식해 박헌영을 입에 올리기 꺼렸다. 심지어 박헌영은 미제의 간첩이라고 부르짖는 진보세력도 남쪽에 나타났다.
과연 그래도 좋은가. 아니다. 그 거짓과 위선은 이제 끝나야 옳다. 남과 북 모두를 위해 그렇다. 21세기, 남과 북이 통일로 가는 길에 박헌영은 그냥 지나칠 수 있는 인물이 아니다. 남과 북 모두 역사적 트라우마를 치유하려면 박헌영과 정직한 커뮤니케이션이 필요하다. 그 소통과 치유 없이 통일은 어렵다.
역설이지만 박헌영의 진실은 당시 미군정의 정보 문서에 드러난다. 1947년 3월 21일에 작성된 미군 정보 문서는 지금 만일 총선거가 실시된다면 공산당 지도자 박헌영이 대통령에 당선될 가능성이 있다고 전망했다. 대통령 박헌영. 오늘의 우리에겐 상상조차 하기 어려운 일이다. 더구나 북은 김일성의 손자가, 남은 박정희의 딸이 각각 '통치'하는 상황을 맞은 지금 박헌영과의 커뮤니케이션은 결코 쉬운 일이 아니다. 하지만 바로 그렇기에 그와의 대화는 더 절실하고 절박하다.
박헌영 못지않게 비극적 삶을 살았던 아내 주세죽은 2007년 뒤늦게나마 독립운동 경력을 인정받았다. 대한민국은 그녀에게 '건국훈장 애족장'을 수여했다. 하지만 박헌영은 여전히 캄캄한 지하에 남과 북의 트라우마로 묻혀 있다. 그 원혼을 불러내기 위해 나는, 봉황이 춤춘다는 무봉산을 찾았다. 그 산 중턱에 고즈넉이 자리한 절에는 박헌영의 위패가 모셔져 있다.

이 책은 그 절의 주지 스님 원경과 산사에서 차를 마시며 나눈 대화를 밑절미로 삼았다. 일흔 살이 넘은 스님 원경. 그가 자신이 주지로 있는 절에 박헌영의 위패를 모신 까닭은 무엇일까?

이유는 간명하다. 비운의 혁명가 박헌영이 남쪽에 남긴 아들, 그가 바로 원경이다. 21세기가 열리던 2001년에 나는 박헌영이 아낀 젊은 혁명가를 주인공으로 한 소설 『아름다운 집』을 발표했다. 그 소설로 원경 스님과 인연이 닿아 어느새 10년이 흘렀다.

이 책은 앞서 나온 『그대 무엇을 위해 억척같이 살고 있는가?』에 이은 진보 재구성의 두 번째 기획이다. 박헌영의 아들 원경 스님과 산에서 이야기 나누며 구상한 이 책을 자유와 평등이 넘실대는 세상으로 가는 길을 내는 데 아낌없이 생명을 던진 사람들, 그 순결하고 강인한 영혼들에 바친다. 그 영혼들은 저마다 '아집'으로 가득 차 지리멸렬한 오늘의 '진보 정치세력'과 얼마나 멀리 있는가.

이 땅의 진보가 '정치 신화'에 젖은 게으름을 벗어나 지금 이 순간도 고통 받고 있는 민중과 민족 앞에 실사구시로 거듭나기를, 이 책을 위해 아버지 박헌영의 원고와 사진들을 선뜻 내어준 원경 스님의 생전에 남과 북의 역사적 트라우마가 치유될 수 있기를 소망한다.

박헌영과 조선공산당의 주요 간부들이 평양에서 돌연 체포된 지 60년을 맞아 출간하는 이 책 『박헌영 트라우마』는 남과 북에 보내는 깨끗한 메시지를 담은 치유책이다.

2013년 4월 17일 통일동산에서

손석춘

차례

들어가는 말   6
    남과 북 모두의 역사적 트라우마

1. 김일성의 아들, 박헌영의 아들   16
    무봉산 자락에서 만난 원경 스님
    혁명가 박헌영이 걸어온 길
    기억 속 아버지를 찾아서

2. 잃어버린 사진 속의 혁명가들   36
    죄인의 아들이라는 멍에
    한산 스님과의 인연
    남로당 핵심 김삼룡과 함께한 어린 시절

3. 지리산에서 만난 '빨치산 사령관' 아저씨   56
    홀로 남은 소년, 스님이 되다
    전쟁의 시작과 노근리 학살의 진실
    지리산 사령관 이현상과의 만남

1948년 여름 묘향산에서
조선민주주의인민공화국 수립 직후 초대 내각
박헌영의 생가
1915년 3월 23일 대흥보통학교 1회 졸업 기념사진
경성고보 4학년 시절의 박헌영
3·1 운동 무렵의 박헌영
조선공산당 창립대회
신의주 사건으로 검거된 사회주의자들
공판정 주변의 모습
조선공산당 사건 관련자들 이송 길에 몰려든 사람들
박헌영의 몸 이상에 관한 기사
국제레닌학교 재학 시절 각국 혁명가들과 함께한 박헌영
학습노트
국제레닌학교

4. 박헌영은 김일성을 얕봤다　　　75
　　보천보 전투를 둘러싼 진실공방
　　박헌영이 함구령을 내린 까닭
　　원경 스님이 김일성을 보는 눈

5. 어느 날 다가온 아버지의 처형 소식　　92
　　'이현상 아저씨'의 부탁
　　아버지의 고향으로 피신하다
　　산사에서 아버지 제사를 지내다

6. 박헌영 사형 판결문과 최후 진술　　104
　　1. 박헌영 판결문(1955년 12월 15일)
　　2. 재판을 지휘한 강상호의 증언:
　　　　사형선고 받은 박헌영의 최후 진술

일제가 작성한 박헌영의 신상 기록카드	35
서울 명륜동의 김해균 저택	35
모스크바의 딸에게 보낸 사진과 편지	37
1920년대 초반 여성 트로이카	39
1946년 9월 무렵의 박헌영	41
원경 스님의 생모 정순년	41
원경과 샤브시나	47
남로당 핵심 지도자였던 김삼룡	51
남로당 핵심 지도자였던 이주하	53
1946년 2월 민주주의민족전선 결성 대회장	57
박헌영과 여운형	59, 61
박헌영, 이강국 체포령	63
1946년 2월 민전 결성대회에 참석한 이현상	69
'지리산'으로 들어가기 직전의 이현상	69

7. 해군 특수부대 자원한 '박헌영 아들'　124
　　열일곱의 소년, 복수를 꿈꾸다
　　어머니와의 첫 만남과 자살 기도
　　이현상은 사살당하지 않았다

8. 수도승 사이에서도 불거진 '색깔공세'　142
　　"빨갱이의 자식을 쫓아내라!"
　　안기부, 아버지의 이름을 묻다
　　역사문제연구소와의 인연

9. 아버지 박헌영 '복권'의 진정한 뜻　158
　　찬탁–반탁의 소용돌이와 언론의 역할
　　박헌영의 '8월 테제'와 박정희
　　박헌영의 복권과 통일

1948년 8월 남조선인민대표자대회 (해주대회)의 풍경들　79

박수를 치고 있는 해주대회 주석단　81

해주대회 주석단석의 허헌, 박헌영, 홍명희　83

해주대회에서 축사를 낭독하는 박헌영과 김두봉　87

17세의 원경 스님　101

고려공청 조직 당시 박헌영의 집　105

'101인 사건' 기소 관련 신문 기사　107

서울로 압송되는 박헌영　111

'좌익극렬분자 사진명단'에 수록된 박헌영　113

최고인민회의회의에서의 박헌영과 김일성　115

윤레나와 사이에 낳은 나타샤와 세르게이　123

박헌영의 결혼식　129

윤레나와 큰딸 비비안나　133

10. 박헌영 글 직접 읽기　173

　　1. 방송 연설문:
　　　진보적 민주주의 깃발 아래서
　　2. 8월 테제:
　　　현 정세와 우리의 임무

나가는 말　188
　21세기 박헌영: 남과 북에 보내는 메시지

박헌영 연표　192

결혼식 피로연　139

1996년 8월 사회복지학　143
석사학위를 받은 원경

모스크바의 한 공원에 안치된　155
주세죽의 묘소를 찾은 원경과
박비비안나

해방 후 어느 방직 공장의 풍경　161

1947년 8월 미소공위 제2차　163
서울회의 때의 한 집회 현장에서

조선민주주의인민공화국　167
정부요인과 사회단체 대표자들

1949년 3월 소련을 방문 중인　169
조선민주주의인민공화국 대표단

조선민주주의인민공화국 수립 직후 초대 내각.
1948년 9월 10일 인민공화국 내각 청사 앞에서 정부 수뇌부와 소련군 장성들이 기념촬영을 하였다. 맨 앞줄 가운데 네 사람은
박헌영(부수상 겸 외상), 김두봉(최고인민회의 상임위원장), 김일성(수상), 레베데프(소련군 정치위원).

1
김일성의 아들, 박헌영의 아들

무봉산 자락에서 만난 원경 스님

    김일성-김정일을 모르는 사람은 대한민국에 없다. 휴전선 북쪽 조선민주주의인민공화국은 새삼 이를 나위가 없다. 김일성과 김정일은 휴전선 북쪽에서 위대한 수령과 지도자로 칭송받고 있다. 평양에는 두 사람의 거대한 동상이 곳곳에 서 있다.[1]

    남쪽에서는 평양의 열기를 찾기는 어렵지만, 적어도 김일성과 김정일을 모르는 사람은 없다.

    그런데 남쪽에서 박헌영을 아는 사람은 얼마나 될까? 그의 아들 박병삼을 아는 사람은 더 없을 터다. 북쪽도 마찬가지다. 2002년 평양을 방문했을 때 나를 안내하던 김일성대학 철학과 출신 조선로동당원에게 박헌영을 물었지만 대답은 '누구인지 모른다'였다.

    과연 그래도 좋은가? 그 질문은 남과 북 모두에서 잊혀진 혁명가 박헌영을 21세기인 지금 만나야 할 이유와 이어진다. 김일성과 박헌영, 아니 박헌영과

박헌영의 생가. 충남 예산군 광시면 서초정리에 있는 생가의 최근 모습이다. 박헌영이 젊은 세대 사이에서 잊혀지고 있듯이 생가도 시나브로 훼손되고 있다.

1 조선로동당은 2012년 2월 16일 평양 한복판에 있는 만수대 예술극장 앞에 김일성·김정일의 기마 동상을 세웠고, 4월 15일을 앞두고 다시 만수대 언덕에 김일성·김정일이 나란히 서 있는 대형 동상을 공개했다. 2월 16일과 4월 15일은 각각 김정일과 김일성의 생일이다. 이어 8월에는 인민무력부에 두 사람의 동상을 세웠다. 조선중앙통신은 "김정일 위원장이 선군혁명 영도의 첫 자국을 새긴 8월 25일을 맞아 김일성·김정일 동상을 인민무력부에 높이 모셨다"고 전했다.
이어 조선로동당 창건일인 10월 10일 자강도 강계시에 김일성·김정일 동상을 건립했다. 조선중앙통신은 "김정은 원수의 두리에 굳게 뭉쳐 태양의 위업을 천만년 받들어갈 자강도 인민들의 절대불변의 신념과 열화 같은 충정의 분출"이라고 보도했다. 두 사람의 동상이 평양 아닌 지역에 처음 함께 세워지면서 앞으로 확산될 것으로 전망된다.

김일성은 20세기 이 땅에서 전개된 사회주의운동을 상징한다. 한 사람은 국내에서 한 사람은 국외에서 활동했고 나이 차이도 컸기 때문에 항일운동 시기에 서로 만나지는 못했다.

1945년 해방을 맞았을 때, 김일성보다 12살 위인 박헌영은 재건된 조선공산당의 최고 지도자였다. 해방 뒤 소련군이 주둔하고 있던 평양에 들어온 김일성은 서울에 있는 박헌영과 거리를 두고 있었지만, 적어도 그 해에 두 사람이 처음 만났을 때 한 사람은 당 중앙의 영도자였고, 한 사람은 38선 북쪽에 그 당의 분국을 만들고 싶다고 당 중앙에 요청하는 위치에 있었다. 1946년을 맞이할 때도 김일성의 지위는 서울에 중앙이 있는 조선공산당의 '북조선 분국' 책임자였다.

하지만 역사는 두 사람의 운명을 극적으로 바꾼다. 김일성은 그로부터 3년 뒤 조선민주주의인민공화국의 수상이 되어 1990년대까지 장수하며 국가 지도자로 평생을 보냈지만, 박헌영은 이미 1950년대에 김일성에 의해 미제의 간첩으로 몰려 처형당한다.

두 사람 아들의 운명도 대조적이다. 김정일과 박병삼. 각각 김일성과 박헌영의 아들인 두 사람은 생년이 같다. 공식 기록으로 보면 김정일이 1942년생으로 박병삼보다 한 살 아래다. 하지만 김정일의 실제 나이가 1941년이라는 분석이 유력하다. 같은 해에 사회주의 혁명가의 아들로 태어난 두 사람이 걸어온 길은 판이하다.

김일성의 아들 김정일이 국가 최고 지도자의 아들로 성장해가고 있을 때, 박헌영의 아들 박병삼은 지리산을 비롯해 산사를 전전하며 모진 세월을 보냈다. 김정일이 김일성대학 철학과에 다닐 때 박병삼은 계를 받고 스님의 길로 들어섰다.

스님이 된 박병삼. 그의 법명이 바로 원경이다. 박헌영의 아들, 원경 스님을

1915년 3월 23일 대흥보통학교 1회 졸업 기념사진. 두루마기를 입은 까까머리 소년 박헌영이 왼손에 책을 들고 서 있다(가운데 줄 왼쪽에서 네 번째). 졸업생들 대다수가 박헌영보다 훨씬 나이가 많아 보인다.

경성고보 4학년 시절의 박헌영

3·1 운동 무렵의 박헌영. 가운데 동그라미 표시 안의 소년이 박헌영으로 경성고보 교복인 흰 두루마기를 말아 가슴에 안고 있다. 그는 당시 4학년에 재학 중으로 졸업을 눈앞에 둔 상태였다. 뒤에 흰 테를 두른 경성고보 교모를 쓴 학생들이 많이 보인다. 사진은 1919년 2월 28일 오전 10시 고종의 인산 예행연습을 구경하기 위해 광화문 네거리의 비각으로 몰려든 사람들을 찍은 것이다. 해방 후 박헌영 본인이 이 사진을 보고 자신임을 확인했다고 한다. (고 김병목 선생 증언, 전 경기고등학교 재미동창회장, 사진은 〈매일신보〉 1919. 3. 1)

만나러 가는 길은 그래서 착잡했다. 남과 북 모두의 트라우마인 박헌영의 비극적 삶을 풀 희망이 도통 보이지 않기 때문만은 아니다. 박헌영이 누구인지 모르는 사람이 훨씬 더 많은 오늘, 과연 그의 비극적 삶의 이야기가 얼마나 독자들에게 다가갈 수 있을까 내심 걱정이 되었기 때문이다. 경기도 평택에 어머니 젖무덤처럼 도톰한 무봉산 자락에서 스님과 마주 앉아 찾아온 까닭을 말했다.

손석춘 안녕하세요? 박헌영 선생님(이하 박헌영) 이야기, 그리고 스님이 걸어온 역정에 대해 이야기 나누고 싶어 찾아왔습니다.
원경 스님 (엷은 미소를 머금으며) 차부터 한잔하십시다.

스님은 손수 차를 끓였다. 산사에서 마셔서일까. 차 향기가 한결 좋았다. 원경 스님과 만나 이야기 나눌 때 나는 깍듯이 박헌영 선생이라고 호칭했다. 지금까지 글을 써오며 역사적 인물의 호칭은 성과 이름 석 자로만 써왔지만, 아들 앞에서 아버지의 함자를 함부로 들먹이는 것은 어색하기도 했고 옳지 않기 때문이다. 하지만 그 대화를 책으로 옮기면서 이하에선 박헌영에 존칭을 붙이지 않았다. 독자들이 역사적 인물에 최대한 객관적으로 접근할 필요가 있기 때문이다. 원경 스님도 이해해주리라 믿는다. 원경 스님의 박헌영에 대한 호칭은 일상생활에서도 그러듯이 언제나 '박헌영 선생님'이다. 그런데 이 책을 위해 나와 대화를 나누면서는 '아버지' 또는 '아버님'이라는 표현을 자주 썼다. 그래서 이 책에선 원경 스님이 말할 때의 호칭을 '아버지'로 통일했다.

손석춘 (이하 손) 젊은 세대들이 특히 박헌영을 모르는 것 같아요. 그들에게 박헌영의 삶을 들려주고 싶습니다.

1925년 4월 17일 서울 을지로 아서원에서 열린 조선공산당 창립대회.

원경 스님 (이하 원경) 젊은이들만이 아니라 대부분 모르는 것 같습니다. 왜냐하면 우리가 교과서에서 지난 역사를 배우지를 못하고 있으니까요. 또 역사 과목이 자꾸 줄어들어 왔지 않습니까? 대학에서도 특정한 분야, 그러니까 국사학을 하신 분, 그 가운데도 일제 강점기 때를 연구하신 분들 외에는 잘 모릅니다. 어떤 자리에서 어쩌다가 저를 "박헌영 선생 아들"이라고 누가 말했는데요. 그러자 그 자리에 있던 사람이 "박헌영? 그전에 뭐했던 사람이야?" 그렇게 말하더군요.

손 그럴 정도인가요?

원경 그렇게 이야기하는 걸 제가 들은 적이 있어요.

손 스님, 바로 그래서 모든 걸 열어놓는 대화가 필요하지 않겠습니까? 원경 스님이 저와 나눈 이야기를 읽는 독자들이 박헌영을 정확하게 볼 수 있도록 소통에 적극 나서야 할 것 같아요.

원경 저야 참 반갑고 고마운 말씀입니다. 그렇지만, 그렇다고 잘못된 인식이랄까 사고가 바뀌겠습니까. 그저 몇몇 분들이 '아, 이런 일이 있었구나.' 그렇게 생각하시겠죠. 그런데 누가 찾아와서 물어보면 자료를 주고, 이야기해주고 그랬어요. 그런데 항상 "아"를 "어"로 만들고, "어"를 "아"로 만들고, 그런 식으로 글을 쓰더군요.

손 스님이 그런 글에 느꼈을 착잡함을 이해합니다. 박헌영에 대해 자유롭게 글을 쓸 수 없는 시대적 한계가 있었기 때문이 아닐까 싶네요. 지금도 그래요. 접근할 수 있는 자료에 한계가 있으니까요. 스님께서 『이정 박헌영 전집』을 내놓은 게 큰 성과였지요.[2]

원경 자료를 갖춰 내놓으면 글 쓰는 분들이 더는 왜곡하지 않으리라고 생각해서 본격적으로 자료를 수집하는 작업을 했어요. 물론, 어려서부터 좋은 세상이 오면 자료를 찾아서 묶어놓으면, 저세상에 가신 박헌영 선생님도 기뻐할

신의주 사건으로 검거된 사회주의자들. 1925년 제1차 조선공산당 및 고려공산청년회 사건, 곧 신의주 사건으로 검거된 관계자들은 1926년 제2차 조선공산당 사건 관련자들이 검거되자 이들과 병합심리하기로 결정되어 신의주형무소에서 1926년 7월 경성으로 송치되었다. 이때 〈조선일보〉에 보도된 관련자들의 사진이다. 세 번째 줄 맨 오른쪽이 박헌영. 《조선일보》 1926. 7. 17)

2 『이정 박헌영 전집』은 2004년 7월 9권으로 발간됐다. 아들 원경스님의 주도로 자료를 모으기 시작한 지 11년 만의 열매다. 편집에 참여한 임경석 교수는 "편찬자의 주관적 판단이나 평가를 철저히 배제하고 박헌영이 직접 남긴 자료와 그와 관련된 간접 사료들을 망라했으며, 아울러 같은 사건에 대한 배치된 기록도 같이 수록했다"면서 "박헌영에 대한 객관적 연구를 가능하게 하는 기반이 마련됐다고 자평한다"고 말했다. 전집 발간에 동참한 윤해동 박사도 "80년대까지만 해도 현실 운동과 연계된 사회주의운동사 연구가 활발했으나 사회주의가 붕괴되는 등 주변 여건 변화로 연구가 시들해졌고, 박헌영에 대해서도 마찬가지였다"고 지적했다. 1993년에 시작해 11년 걸린 전집은 1권에서 3권까지 박헌영의 직접 저작물을 담았고, 4권에서 7권은 간접 자료를, 박헌영에 관한 회고나 증언 자료는 8권에 담았다. 모스크바 국제레

것이라고 한산 스님께서 누차 강조하셨기 때문에 전집을 만들 생각을 했지요. 1990년에 들어와서 작업을 시작했는데, 윤해동 교수가 10년이라는 세월을 전집 정리에 쏟았죠. 당신 공부도 제대로 못 하고, 학위도 다른 사람보다 늦어지고 그랬어요. 아무튼 그렇게 박헌영 전집이 나왔는데, 전집에 모든 내용을 다 담을 수는 없었어요.

혁명가 박헌영이 걸어온 길

여기서 원경 스님과의 대화를 독자들과 나누기 전에 『이정 박헌영 전집』에 근거해 박헌영이 누구인가를 간략히 짚고 갈 필요가 있다. 해방 직후 조선공산당이 창당될 때 김일성 아닌 박헌영이 지도자가 된 데에는 그럴 만한 이유가 있기 때문이다. 1945년 조선공산당의 최고 지도자가 되기까지 박헌영이 걸어온 길을 톺아보자.[3]

박헌영은 1900년 5월 충청남도 예산군 광시면 서초정리에서 태어났다. 어머니는 총명했던 그를 서울(당시 경성)로 보내 경성고보(현 경기고)를 다니게 했다. 졸업반이던 1919년 3·1 독립운동에 참여했다. 이를테면 유관순이 독립운동에 나선 바로 그 순간 스무 살의 박헌영도 함께 있었던 셈이다.

박헌영은 3·1운동을 겪으며 사회주의 사상을 처음 접하고 혁명가의 길을 다짐했다. 그가 사회주의 사상을 적극 받아들인 이유는 충분히 이해할 수 있다. 당시 식민지 민족들의 해방을 지원하고 나선 유일한 나라가 소련(소비에트 사회주의 공화국 연방)이었기 때문이다. 박헌영은 "그들의 이념이 독립과 정의, 민주주의와 진보를 호소하고 있다는 것을 이해하기 시작"했다고 그 시절을 회고했다.

박헌영이 중국 상하이로 망명한 것도 본격적인 독립운동을 위해서였다. 당

공판정 주변의 모습. 1927년 9월 13일 '101인 사건' 공판이 진행되자 수많은 방청객이 몰려들어 이 사건에 대한 높은 사회적 관심을 보였다. 박헌영은 1차 공판 때부터 법정투쟁을 전개함으로써 공판이 끝난 후 심한 고문을 당했고, 이로 인해 공판은 방청금지되었다. 사진들은 공판정 밖의 거리에 운집한 사람들과 이를 통제하는 기마경찰, '방청권 소지자 외 출입금지'라는 팻말 등을 보여주고 있다. 《조선일보》 1927. 9. 14)

조선공산당 사건 관련자들 이송 길에 몰려든 사람들. 서대문형무소에서 경성지방법원까지 수많은 민중이 운집하였고, 이에 경찰이 철통 같은 경계를 폈다고 한다. 원사진의 설명은 이러하였다. "십삼일 법원 문 앞에서 그리운 가족이 담긴 자동차나 보려고 날이 저물도록 섰는데 말굽 소리만 요란" 《조선일보》 1927. 9. 15)

박헌영의 몸 이상에 관한 기사. 1927년 9월 20일 제4회 공판에 대해 보도한 기사인데, 박헌영의 몸에 이상이 생겨 재판정 밖에서 보호를 받다가 들어가 다시 개정하였으나, 개정한 지 20분이 지나지 못해 다시 휴정하였다는 보도와 아울러 박헌영의 사진이 실려 있다. 《조선일보》 1927. 9. 21)

---

3 더 자세한 내용은 『이정 박헌영 전집』을 만드는 데 앞장섰던 임경석의 『이정 박헌영 일대기』(역사비평사, 2004)를 참고. 이 책에 실린 사진들의 설명도 『이정 박헌영 전집』에 근거했다.

시 상하이에는 대한민국 임시정부가 수립되고 있었다. 박헌영은 상하이에 도착해 사회주의자들 모임에 나가면서 청년운동에 나섰고 비합법 잡지를 편집했다. 청년운동에서 두각을 나타낸 그는 1922년 3월에 고려공산청년회(고려공청) 책임비서를 맡았다.

고려공산청년회는 단순한 조직이 아니었다. 그 시기 국제공산청년연맹(국제공청)은 코민테른[4]과 더불어 전 세계 혁명운동과 식민지 해방운동을 지도하던 참모부였다. 고려공청은 국제공청의 조선 지부였다. 박헌영은 고려공청 중앙총국을 서울로 옮겨 국내에서 본격적인 청년운동을 전개하기 위해 입국하다가 일제에 체포돼 구속됐다. 하지만 조직을 철저히 숨겨 1924년 1월 평양형무소에서 만기 출소할 수 있었다. 서울로 온 박헌영은 〈동아일보〉 기자로 활동[5]하며 비밀리에 조직운동을 전개했다.

마침내 1925년 4월 17일 조선공산당이 창립되고 다음날 고려공산청년회가 서울에서 결성됐다. 두 조직 창립대회에 모두 참여한 박헌영은 고려공산청년회의 책임비서를 맡았다. 그해 11월 일제에 검거됐지만 강인하게 맞서 청년회의 지방조직을 전혀 노출시키지 않았다. 공판 과정에서 박헌영은 자신들의 행위는 "조선의 민족해방과 정의 실현에 있다"고 당당하게 주장하며 재판부를 향해 안경을 집어던져 당시 신문에 보도됐다.[6] 그 결과 혹독한 고문을 받았지만 미친 흉내를 내어 1927년 병보석으로 풀려났다.

출옥한 박헌영은 아내 주세죽의 도움을 받으며 여전히 미친 행세를 했고 일제의 경비가 허술한 틈을 타 소련으로 탈출했다. 박헌영 부부의 탈출 소식은 당시 조선에서 발행되고 있던 신문들에 크게 보도됐다.[7]

블라디보스토크를 거쳐 모스크바에 도착한 박헌영은 자신의 이론적 전망을 확대하고 싶어 했다. 세계 각국의 혁명가들을 배출한 '국제레닌학교'[8]에 국제공청 집행위 추천으로 입학했다. 주세죽은 동방노력자공산대학[9]에 입학

4 코민테른(Comintern)은 말 그대로 공산주의 국제연합이다. 1919년 모스크바에서 창설됐다. 본디 인터내셔널은 국제노동자협회라는 명칭을 썼지만 제1차 세계 대전이 일어나면서 국제노동자협회가 각각 자기 나라의 제국주의 전쟁에 참여하자 러시아혁명의 지도자 레닌은 혁명적인 국제주의가 필요하다며 코민테른 결성을 주도했다.
레닌과 코민테른은 노동운동 역사에서 처음으로 식민지에 눈을 돌려, 독립운동(민족해방운동)을 조직적으로 지원하고 나섰다. 3·1운동에 참여했던 조선의 청년들이 러시아혁명과 사회주의 사상에 몰입하게 된 결정적 이유가 여기에 있다. 코민테른의 창설로 인터내셔널의 중심은 소련으로 옮겨졌다. 코민테른은 그 뒤 세계 여러 나라에서 민족해방운동과 혁명운동을 치열하게 전개했다.

5 직업적 혁명가의 길을 걸어가기 이전에 박헌영의 유일무이한 직업은 신문 기자였다. 〈동아일보〉에서 기자들과 동맹 파업을 벌여 해직된 뒤에도 언론인으로서 정체성을 지니고 있었던 것으로 보인다. 그 뒤 모스크바에서 국제레닌학교에 제출한 신상명세서를 보면 자신의 직업을 '언론인'으로 쓰고 있다 (「이정 박헌영 전집」 1권).

6 재판장을 겨냥해 안경을 집어던진 박헌영의 나이는 당시 만 25살이었다. 이 책의 후반부에 자세히 소개하겠지만 박헌영은 그로부터 웅근 30년이 지나 1955년 12월의 재판에서도 재판장에게 쓰고 있던 안경을 집어던졌다.

7 원경 스님은 당시 신문에 대문짝만 하게 보도된 박헌영의 탈출 소식을 가수 김정구의 친형 김용환이 두만강변에서 접한 뒤 노랫말을 짓고 동생이 부른 노래가 「눈물 젖은 두만강」이라고 말했다.
김정구의 「눈물 젖은 두만강」은 당대는 물론 20세기 내내 국민 애창곡이 되었다. 가사는 다음과 같다. "두만강 푸른 물에 노 젓는 뱃사공/ 흘러간 그 옛날에 내 님을 싣고/ 떠나간 그 배는 어디로 갔소/ 그리운 내 님이여, 그리운 내 님이여/ 언제나 오려나."

8 국제레닌학교는 러시아혁명의 지도자 레닌의 이름을 따 코민테른이 운영하던 공산주의 지도자 재교육 기관이다. 입학 자격이 엄격해, 당의 지도적 지위에 있는 공산주의자, 3년 이상의 당 경력과 1년 이상 당내에서 실제적인 정치사업 경력이 있는 노동자 출신 공산당원, 5년 이상의 당 경력과 3년 이상의 실제 활동 경험을 갖춘 비노동자 출신 공산당원만이 입학할 수 있었다.

9 동방노력자공산대학(東方勞力者共産大學)은 유라시아 대륙의 동쪽 지역 혁명운동의 지도자를 길러낼 목적으로 극동에 거주하는 러시아인과 동양인을 대상으로 모스크바에 설립한 대학이다. 소련 국립대학으로 코민테른 산하 기관이었다. 각 나라의 공산당이나 유력한 공산주의자의 추천을 받은 외국 학생을 입학시켰다. 학비는 물론, 생활에 필요한 모든 것을 제공했다.

했다. 주세죽은 코레예바(Кореева)라는 가명을 썼는데 국제레닌학교에 유학할 당시 박헌영이 지어준 이름[10]으로 말 그대로 '코리아 여성'이라는 뜻이다.

박헌영은 국제레닌학교에서 사회주의 혁명사상과 실천 방법을 체계적으로 배웠다. 당시 베트남의 호찌민[11]을 만났다. 박헌영과 호찌민은 각별히 친밀했다. 박헌영은 호찌민에게 조선 실학사상을 집대성한 다산 정약용의 저서『목민심서』를 선물했다. 민중을 어떤 마음으로 만나야 하는가를 서술한 이 책은 베트남혁명의 지도자가 되는 호찌민에게 평생의 지침이 되었다.[12]

박헌영은 학교 당국으로부터 "확고하게 단련되어 있으며, 언제나 훌륭한 동지"라는 평가를 받았다. 국제레닌학교 재학 중에 박헌영은 코민테른 동양비서부 조선위원회의 세 위원 가운데 한 사람이 되었다. 당시 코민테른 조선위원회는 조선공산주의 운동을 지도하는 최상급 기관이었다.

주세죽이 다니던 동방노력자공산대학에는 1930년 5월 현재 37명의 조선인 사회주의자들이 배우고 있었다. 이들은 졸업과 동시에 조선 안팎으로 파견되어 코민테른 조선위원회의 지도를 받아 독립운동을 벌여나갈 사람들이었다.

국제레닌학교를 졸업한 박헌영은 조선공산당을 재건하기 위해 다시 중국 상하이로 잠입했다. 조선혁명을 실행에 옮기기 위해서였다. 지하 언론활동과 조직 건설에 헌신하던 중에 1933년 체포됐다.[13] 국내로 압송되어 다시 감옥에 들어갔지만 자신의 '지위'는 물론 그동안 지도해온 조직 활동을 철저히 은폐하는 데 성공함으로써 병보석 중에 국외로 탈출한 죄만을 물어 징역 6년형을 선고받았다.

박헌영은 살인적인 감옥 생활을 이겨내며 1939년 만기 출옥했다. 박헌영은 다시 혁명 활동에 들어가 지하조직인 경성콤그룹[14]의 지도자로 활동했다. 1945년 8월 15일 현재 그는 광주에서 벽돌공장 노동자로 은신하며 지하운동을 벌여나가고 있었다. 따라서 그해 9월 서울에서 조선공산당이 재건될 때 그

10 당시 국제레닌학교와 동방노력자공산대학 재학생들은 졸업한 뒤 각각 자기 나라로 돌아갈 때의 안전을 위해 모든 학생들에게 가명을 쓰도록 했다. 박헌영은 논을 가는 써레(而)와 농작물을 끌어모으는 고무래(丁)의 한자어로 '이정而丁'이라 가명을 지었고, 러시아식 발음인 '이춘'으로 등록했다. 민중의 마음으로 살겠다는 다짐이 읽혀진다(김구의 호 백범보다 더 구체적이다). 그때부터 박헌영은 독립운동과 혁명 활동 중에 이춘 또는 이정으로 불렸다. 『이정 박헌영 전집』의 이름도 여기서 유래한다.

11 호찌민(胡志明 1890~1969)은 베트남 공산당의 전설적 지도자다. 호찌민은 국제레닌학교를 졸업한 뒤 1930년 중국에서 베트남 공산당을 결성했고 2차 세계대전 뒤 프랑스를 상대로 독립전쟁을 벌여 1954년 승리했다. 미국이 개입한 뒤 다시 남베트남 해방을 목적으로 게릴라전을 벌여 승리했다. 통일 이전의 베트남민주공화국 초대 대통령(1946~1969년)이다.

12 안재성, 『박헌영 평전』, 실천문학사, 2009, 146쪽.

13 국제레닌학교를 졸업한 박헌영은 소련이 인정한 조선 혁명운동의 지도자로서 1932년 1월 25일 상해에 도착해서 1933년 7월 5일 일본 영사관 경찰에 체포될 때까지 1년 6개월 동안 국내 조직 활동을 지도한다. 이 시기 발행한 〈콤무니스트〉 4호(1932년 3월)에서 박헌영은 이정(爾丁)이라는 필명으로 쓴 논문을 통해 세계대공황에 처한 조선의 경제 현실과 노동자와 농민의 비참한 생활을 언급하며 "이로 인해 노동자·농민운동이 고조되고, 군중이 급진화하고 있는 등 조선 혁명운동의 객관 조건은 극히 양호"하다고 분석했다. 하지만 군중을 이끌고 나가야 할 사람들은 정치적·조직적으로 낙후되어 있다며 공장 노동자 속에 당의 뿌리를 확대하고, 실업자들을 조직해야 한다고 지침을 제시했다.

그가 상하이에 있을 때 일어난 윤봉길 폭탄 투척사건(1932년 4월)을 다룬 논문(「상해 폭탄사건은 무엇을 말하느냐?」, 〈콤무니스트〉 제6호, 1932. 7)에선 윤봉길의 행동을 일본 통치에 대한 조선 근로대중의 증오를 반영한 것으로 참으로 통쾌한 일이라고 높이 평가한다. 하지만 박헌영은 개인 테러 전술이 혁명적 투쟁 방법은 아니라고 강조한다. 개인 테러는 군중적 무장폭동의 기운이 성숙한 조건하에서만 혁명적 역할을 담당한다고 분석했다(『이정 박헌영 전집』 1권).

14 경성콤그룹은 일제의 억압이 극심했던 1939년 4월, 국내에서 조직한 독립운동 조직이다. 노동자와 농민, 학생들을 주요 기반으로 했다. 이재유와 김삼룡, 이관술, 정태식을 중심으로 지도부를 구성하고 1940년 2월 만기 출옥한 박헌영을 지도자로 정식 출범했다. 이현상을 비롯해 각 지방 조직들과 연계를 맺고 활동하였으며, 기존에 갈등을 빚었던 화요파와 상해파가 모두 참여함으로써 종래의 분파적 성격을 해소했다. 반일 민족통일 전선전술과, 결정적 시기의 무장봉기 전술을 채택했다.

1940년 11월 말부터 1941년 겨울까지 3차례에 걸친 대규모 검거 사건으로 세가 위축되었지만, 여러 작은 모임들을 유지하면서 급변하는 세계정세를 학습했다. 재건될 조선공산당의 지도 아래 결정적 시기에 도시 폭동 전술에 입각해 일제 통치를 전복한다는 방침 아래 계급·계층·정파·성별·종교를 구별하지 않고 일본 제국주의에 반대하는 모든 세력을 모아가고 있었다. 변절자들이 이어지던 일제 말기 국내 독립운동가들의 집결체로 1945년 9월 11일에 재건된 조선공산당의 모태다.

가 지도자인 책임비서가 된 것은 자연스러운 귀결이었다. 박헌영 이상으로 일제와 줄기차게 투쟁한 사람은 아무도 없었기 때문이다.

김일성은 그보다 12년 아래였고, 박헌영이 1925년 조선공산당을 창립할 때는 아직 중학생이었다. 압록강을 넘어 중국 만주에서 항일무장투쟁에 나섰던 김일성은 처음부터 조선공산당 재건운동과는 연관이 없었다. 1932년 중국공산당에 가입한 김일성은 일제가 만주까지 완전히 장악한 뒤에는 다시 중·소 국경을 넘어 소련으로 들어갔다. 1945년 8월 15일 현재 김일성은 소련군 대위로 소련 영토에 머물고 있었으며 예견된 일제의 패망 이후 국내 정치활동을 준비하고 있었다.

해방 시점까지 박헌영이 걸어온 길을 간추려 톺아보았듯이, 박헌영은 해방 직후 조선공산당의 지도자로 손색이 없는 길을 걸어왔다. 그럼 다시 원경 스님과의 대화로 들어가 보자.

기억 속 아버지를 찾아서

손 스님, 전집을 발간한 뒤로도 새로운 자료가 계속 발굴되었죠?

원경 소련이 처음에는 자료를 열람할 길을 열어주었어요. 그러더니 곧 통제가 되었어요. 중국은 아예 자료를 개방하지 않고 있으며 북은 더더욱 아니지요. 주로 국내에 있는 도서관들을 다니며 신문도 한장 한장 들춰가면서 자료를 모으고 그랬어요. 미국에서 나온 문서들도 모았지요. 임경석 교수가 그 무렵에 그 분야 학위를 받았는데 그분이 자료 전체를 검토하고 연보를 정리하여 주셨습니다.

손 그랬군요. 그럼 지금부터 본격적으로 이야길 나눠볼까요. 스님께선 혁명가나 사회주의자 이전에 아버지 박헌영에 대해 어떻게 생각하시는지요.

원경 글쎄요. 혁명이라는 단어도 저는 사실은 잘 몰라요. 당신이 어떤 세계를 꿈꾸고 그리셨는지, 어떤 세상의 노래를 불러보고 싶었는지도 모릅니다. 오히려 손 선생님보다도 더 모릅니다. 다만 어렸을 때 이런저런 이야기를 들었을 뿐이지요.

손 아버지를 본 기억은 있으시죠?

원경 정확하게 내 머리에 남아 있는 것은 두 번밖에 없어요. 그런데 사실은 제가 여섯 번을 만났다고 하더군요. 저를 키우고 지켜주신 한산 스님[15]이 그렇게 말씀해주셨어요. 특히 지금은 없어졌습니다만, 1946년 2월에 찍은 사진이 생생합니다. 해방 뒤 아버지가 머물던 김해균[16] 집에서 찍은 건데요. 이현상 선생[17]과 한산 스님, 김삼룡 선생[18], 아버지가 정말 핵심적인 측근들과 함께 찍은 사진입니다. 저는 아버지 옆에서 손을 잡고 있었어요. 아버지와 함께 있는 유일한 사진인데, 그게 어린 시절 '산사람'들을 만나고 그 산에서 살 때, 그리고 전국 곳곳을 돌아다닐 때 징표가 됐습니다. 참고로 김해균 집을 소개해준 분이 있는데, 바로 조봉희 여사입니다. 이분 부탁으로 아버지가 그곳에 머물 수 있게 된 것입니다. 조봉희 여사는 기생으로 김해균의 아버지가 처음으로 머리를 올려준 분입니다. 김해균의 아버지는 김제술(한산 스님)과 김정진(김소산)의 아버지이기도 합니다. 그동안 그 집안을 생각해서 말을 아꼈던 것입니다.

손 박헌영, 이현상, 김삼룡. 대표적인 사회주의 혁명가들이 모두 나온 사진이라면 사료적 가치가 큰데 분실한 건가요?

원경 1979년에 사진이 없어졌어요. 여기에도 사연이 있습니다. 제가 경기도 여주군에 있는 사찰에서 한 10년간 농사를 지으면서 살았는데, 그곳이 흥왕사였습니다. 여주군 북내면에 있는데, 제가 가서 사찰 이름을 바꿨어요. 예전 일제 강점기에 일본 군수가 놀이를 왔다가 술에 취해 지은 이름이었기 때문이

15 곧 이은 대화에서 자세히 소개되지만 원경 스님, 그러니까 박병삼의 어린 시절을 옆에서 지켜보며 돌봐준 사람이다. 박헌영의 정치적 측근이자 조카이다.

16 김해균(1910~ ?)은 박헌영의 경기고 후배이자 재정 후원자였다. 일본 도쿄대학을 졸업하고 당시 보성전문학교 영어 강사를 하고 있었던 지식인이었다. 그의 고향에는 전라북도에서 가장 큰 99칸 옛집이 남아 있다. 김해균의 부친 김병순 이 백두산 소나무로 안채와 사랑채를 지었다고 한다. 박헌영은 김해균이 제공한 혜화동 집에서 조선공산당을 재건했다. 곧이어 귀국한 이승만이 머물던 이화장은 대한생명보험회사를 세운 황해도 출신 사업가 강익하의 집이고, 백범이 머물 던 경교장은 금광 재벌로 소문난 평북 출신 최창학의 집이었다. 김해균은 후에 박헌영과 함께 월북했다.

17 이현상(1905~1953)에 대해 손석춘은 〈한겨레〉에 '이현상' 제하의 짧은 칼럼을 썼다(2005년 9월 22일자). 칼럼 전문을 싣는다. "100년. 사람에게 여러모로 뜻깊은 시간이다. 더러 100살을 누리기도 한다. 하지만 대다수 사람에게 100년은 '한계 상황'이다. 역사적 인물의 출생이나 죽음 뒤 옹근 100년을 맞아 기념하는 까닭도 같은 맥락이다. 오는 27일, 탄생 100년을 맞는 항일투사가 있다. 이현상. 을사늑약의 해에 선비의 아들로 태어났다. 6·10만세운동(1926)을 출발점으로 독 립운동에 나섰다. 감옥을 들락거리며 일본 제국주의와 싸웠다. 1945년까지 19년 동안 철창에 갇힌 세월이 12년하고도 8달이다. 일제가 항복을 선언했을 때, 그는 지리산에 있었다. 유격전 준비에 한창이었다. 곧장 서울로 와 박헌영과 더불 어 조선공산당을 재건했다. 하지만 미군정의 탄압으로 월북했다. 남과 북이 두 나라를 건국하기 직전, 다시 남으로 왔다. 가시밭길을 선택했다. 쿠바를 떠나 볼리비아로 들어간 체 게바라보다 20년 남짓 앞선 결단이었다. 한국전쟁 시기 대다 수 인민군이 북으로 퇴각할 때도, 그는 민주지산에서 남하를 결심했다. '빨치산 사령관' 이현상, 호는 '화산'이다. 활화 산의 정열을 지녔으되 늘 과묵했다. 전설적 빨치산, 이현상에게 1953년 8월 평양에서 벌어진 남로당 '동지'들의 처형은 어떻게 다가왔을까. 한 달 뒤 9월 18일, 지리산 빗점골 너덜지대에서 이현상의 심장은 멈췄다. 주머니에 있던 수첩에서 자작시가 발견되었다. 「바람 세찬 지리산에 서니 앞은 일망무제한데/ 칼을 짚고 남쪽천리를 달렸구나/ 내 한시인들 조국 을 잊은 적 있었던가/ 가슴엔 필승의 지략 심장엔 끓는 피 있다.」 마흔아홉 살, 삶을 떠나기엔 이른 나이였다. 아무도 기 억하지 않지만, 탄생 100돌을 맞아 자문해본다. 그러면 어떻게 볼까, 오늘의 남과 북을. 그리고 어떻게 살까."

18 김삼룡(1908~1950). 사회주의 혁명가다. 충북 충주에서 태어나 1939년 박헌영, 이현상과 지하 공산주의 운동단체인 '경성콤그룹'을 조직해 조직부장 겸 노동부장으로 활동했다. 노동자와 학생들을 대상으로 여러 지역에서 조직을 구성해 갔으나 1940년 일제에 체포됐다. 전주형무소에 수감 중 8·15해방을 맞아 다음날 출옥했다. 그 시점에 광주에 있던 박헌 영은 이순금(뒤에 김삼룡과 결혼함)을 전주로 보내 연락한 뒤 18일 전주에서 김삼룡을 만나 19일 함께 서울에 도착했다. 두 사람은 8월 21일 경성콤그룹 동지들을 모아 '조선공산당 재건준비위원회'를 조직했다. 이어 1945년 9월 11일 박헌 영을 최고 지도자(총비서)로 한 조선공산당을 재건했다. 김삼룡은 이현상·김형선과 함께 조직을 맡았다. 1946년 9월 미 군정의 체포령을 피해 박헌영이 월북하자 남조선로동당을 책임지고 지도했다.
1950년 3월 27일 그가 경찰에 체포되면서 남로당은 현저하게 세가 약화됐다. 북은 6·25전쟁 직전에 김삼룡·이주하와 평양에 구금되어 있던 조만식을 맞교환하자고 제의했지만 이승만 정부는 거부했다. 서울 서대문형무소에 수감되어 있던 김삼룡은 6·25전쟁이 일어난 직후 이주하와 함께 사형당했다.

국제레닌학교 재학 시절 각국 혁명가들과 함께한 박헌영. 1929년 모스크바에서 호찌민 등 아시아의 젊은 사회주의자들과 함께 찍은 사진. 앞줄에 김단야(왼쪽에서 두 번째), 박헌영이 나란히 앉아 있다. 주세죽은 가운데 줄 왼쪽에서 첫 번째, 뒷줄 맨 오른쪽은 베트남의 호찌민이다. (사진: 주세죽의 유품에서 찾음.)

학습노트. 박헌영이 국제레닌학교 재학시절 영어로 작성한, 변증법적 유물론과 역사적 유물론에 관한 학습노트. 표지에 '1930년 10월~1931년 3월'이라고 적혀있다. 『이정 박헌영 전집』 1권에 번역 수록되어 있다.

국제레닌학교. 국제레닌학교 본관으로 사용되던 건물. 모스크바 보로프스키 거리 25번지 소재. 박헌영은 1929년 1월부터 1931년 말까지 3년 동안 이 학교에 재학했다.

지요. 불교가 서쪽에서 왔으니까 서녘 서, 올 래를 써서 서래암이라고 붙이고 제가 들어가 살았습니다. 그런데 제가 그 후에 인천 주안에 있는 용화사라는 절로 큰스님의 부름을 받았어요.

손 용화사의 송담 스님이 은사시지요?

원경 네. 그 절도 제 손으로 직접 지은 겁니다. 그곳을 오가며 일할 무렵이었는데 어느 날 자물쇠를 채워두고 나갔던 내 방에 돌아와 보니 난장판이 되었어요. 책이고 뭐고 모든 것이 어질러져 있어서, 틀림없이 도둑이 든 거라고 생각했습니다. 그런데 다 찾아봐도 없어진 것이 없었어요. 이런 말씀 들으시면 좀 우습겠지만, 당시 저는 저금통장 같은 게 없었습니다. 돈이 생기면 구석구석에 넣어두었어요. 옛날 한산 스님한테 배운 건데, 스님이 성황당이나 돌탑 같은 곳의 돌 밑에 창호지에 기름 먹인 거로 싸서 묻어두는 걸 보았어요. 땅속에다 묻으면 썩고 젖으니까 돌과 돌 사이에 놓은 거죠. 빗물이 흘러 내려와도 기름종이라 괜찮고, 돌은 바람에 공기가 통하니까, 원상태를 보존할 수 있다고 하더군요. 사진과 자료, 책도 그런 식으로 보관하시는 걸 봤어요. 그것이 습관이 되어 저도 돈을 그렇게 보관했는데 당시 아무것도 잊어버린 게 없었어요. 돈도 구석구석에 그냥 있었어요. 도둑이 들어왔으면 돈을 가져갔어야 하는데, 그냥 있으니까, 이해할 수 없었지요. 그런데 그 사진만 없어진 겁니다. 책장 속 책 뒤에다 밥풀로 딱 붙이고, 다른 책을 쌓아 가려놓기까지 했는데 말입니다. 누군가 온 방을 다 뒤지고는 그 사진 하나 찾아서 가져간 거예요.

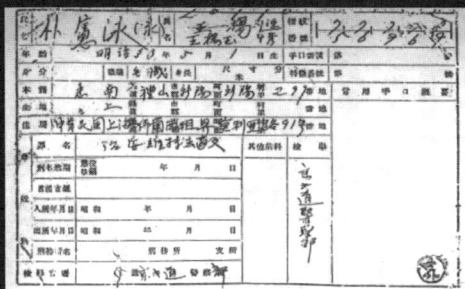

일제가 작성한 박헌영의 신상기록카드. 1933년 체포된 직후에 작성된 것으로 보인다. 사진은 1933년 9월 14일 서대문형무소에서 찍은 것이다. (국사편찬위원회, 『한민족독립운동사자료집 별집 4』, 195~196쪽)

서울 명륜동의 김해균 저택. 해방 후 박헌영의 아지트로 사용되었던 종로구 명륜동 1가 33-26번지 김해균의 저택. 원경 스님은 당시 이곳에서 아버지 박헌영을 만났다고 기억하고 있다. 이현상, 김삼룡, 이주하 등과 함께 찍은 사진도 있어 소중하게 간직하였으나 1980년대 중반 절에 숨어든 누군가에 의해 분실당했다.

2
잃어버린 사진 속의 혁명가들

죄인의 아들이라는 멍에

원경 스님이 잃어버린 사진을 떠올려본다. 1946년 2월, 새로운 조선을 건설하겠다는 혁명적 열정으로 가득했을 세 사람의 혁명가 박헌영, 이현상, 김삼룡이 함께 사진을 찍었다. 일본 제국주의와 맞서 독립운동을 벌이다가 각각 체포돼 살인적인 고문[1]을 이겨내며, 출옥해서도 줄기차게 투쟁해온 혁명가들이 해방을 맞았을 때 얼마나 벅찬 느낌이었을까를 함부로 쉽게 짐작할 수는 없는 일이다.

하지만 조선공산당의 최고 지도자와 그 사진을 찍던 순간, 이현상과 김삼룡은 꿈엔들 상상했을까? 그로부터 5년 뒤, 김삼룡이 남쪽에서 처형당하고, 다시 3년 뒤 이현상이 지리산에서 전사하리라고?

남쪽에서 최후를 맞은 김삼룡, 이현상과 달리 미군 체포령을 피해 월북했던 박헌영은 그로부터 다시 3년 뒤 '미제의 간첩'으로 사형당하는 참극을 빚었다. 그래서다. 박헌영의 아들 어린 박병삼이 아버지와 함께 찍은 그 사진이 사라졌다는 말이 마치 운명을 상징하듯 다가왔다.

모스크바의 딸에게 보낸 사진과 편지. 1946년 4월 조선공산당 책임비서 시절 박헌영은 모스크바의 한 고아원에서 생활하고 있던 딸 비비안나에게 사진과 함께 편지를 비밀리에 보냈다. 사진 뒷면에는 러시아어로 '나의 딸에게 사진을 보낸다. 1946년 4월 24일 서울에서 너의 아버지 박헌영. 이춘'이라고 쓰여 있다. 편지의 일자는 1946년 4월 29일이다(《이정 박헌영 전집》 2권에 번역 수록). 딸에게 보내기 위해 찍은 사진에서 쓸쓸함이 묻어나는 것은 무슨 까닭일까? 박헌영이 기대했던 1차 미소공위가 결렬로 치닫고 있었던 상황 때문만은 아닐 듯싶다. 박비비안나의 회고에 따르면, 이 사진과 편지가 도착한 이후 모스크바 고아원 측의 대접이 달라졌다.

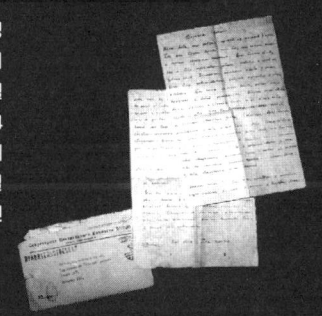

1 일제의 야수적 고문에 대해 박헌영 자신이 다음과 같이 증언했다. "우리들 중 누군가가 체포되기만 하면 그는 곧바로 예비심문이 이루어지는 경찰서의 비밀 장소로 끌려가게 된다. 일제 경찰은 연행된 사람으로부터 증거를 수집하기 위해 냉수나 혹은 고춧가루를 탄 뜨거운 물을 입과 코에 들이붓거나, 손가락을 묶어 천장에 매달고 가죽 채찍으로 때리거나, 긴 의자에 무릎을 꿇려 앉힌 다음 막대기로 관절을 때리거나 한다. 7, 8명의 경찰이 큰 방에서 벌이는 축구공 놀이라는 고문도 있다. 이들 중 한 명이 먼저 '희생양'을 주먹으로 후려치면, 다른 경찰이 이를 받아 다시 또 그를 주먹으로 갈겨댄다. 이 고문은 가련한 '희생양'이 피범벅이 되어 의식을 잃고 바닥에 쓰러질 때까지 계속된다." 비단 조사 과정에서 고문에 그치는 게 아니다. 수형 생활 자체도 야만적이었다. 다시 박헌영의 증언을 들어보자. "내가 있었던 모든 감옥의 각 방에는 침대는 물론 의자도 없었고 맨바닥에 가마니만 깔려 있었다. 방 안의 온도는 보통 영하 5~6℃였다. 하루 평균 10시간 이상 어망을 짜는 노역에 시달렸다. 수인들은 방한 효과가 전혀 없는 아주 얇은 겉옷 한 장을 입고 지냈다."(박헌영, '죽음의 집, 조선의 감옥에서' 모스크바에서 1929년 발간된 국제혁명가 후원회 기관지 〈모쁘르의 길〉에 실렸다.)

손 누가 그런 짓을 했을까요?

원경 모르죠. 지금도 알 수 없어요.

손 정황으로 본다면 틀림없이 정보기관 소행 같다는 느낌도 드는데요. 박헌영 선생이 김삼룡, 이현상과 함께 찍은 사진이라면 거기에 특별한 의미가 담겨 있을 텐데 참 아쉽네요.

원경 제가 정확하게 기억하고 있는데 사진 뒤에 1946년 2월이라고 쓰여 있었어요. 사진이 크지도 않아요. 옛날 오칠 필름으로 복사도 못 하고 확대도 못 하고 찍어내는 그런 시대였기 때문에, 그런 상태로 보관하고 있었지요. 아버지와 함께 찍은 유일한 사진까지 잃어버린 상황에서 제가 기억하는 건 단 한 장면입니다. 안갯속에서 보이는 모습인데, 책으로 출간된 아버지 일대기에 표지로 삼은 사진이 있습니다. 김해균 선생 집 2층 집무실에 앉아 물끄러미 바라보는 모습인데요. 어린 시절부터 제 기억에 남아 있는 얼굴입니다. 그래서 책 표지를 그 사진으로 삼았던 거고요. 어린 제가 집무실로 들어가면 그저 물끄러미 보고, 다가가면 안아주시고 그러셨지요. 그때 책상 앞에서 저를 끌어안아 주신 기억이 나요.

손 아버지가 안아주시던 순간이 기억에 남아 있다면 그분의 체취를 느끼셨을 것 같은데요. 집무실에는 자주 들어갔나요?

원경 아버지가 책상 근처만 못 오게 했어요. 책상 근처를 벗어나선 자유롭게 놀 수 있게 했어요. 책상에는 서류 같은 게 쌓여 있었고, 거기서 또 뭔가를 쓰시고 그랬어요. 창가 옆으로 한쪽은 벽이었던 것도 생각나요. 아버지에 대한 기억은 그게 전부입니다. 없다고 해도 과언이 아니에요. 어려서부터 아버지에 대한 그리움이 깊었습니다. 주변에서 아버지는 무서운 사람, 죄인이라고 하니 저는 아들이라고 말해서도 안 되고, 그 이름을 떠올려도 안 됐어요.

손 스님은 자신이 박헌영의 아들이라는 사실을 몇 살 때 아신 건가요?

1920년대 초반 여성 트로이카. 서울 청계천에서 발을 담그며 정겹게 망중한을 보내고 있는 고명자, 주세죽, 허정숙(왼쪽부터). 사회주의 여성 활동가인 이들 셋은 김단야, 박헌영, 임원근과 각각 결혼한 사이였다. 혁명의 길로 들어선 20대 여성들의 싱그러움에서 당시 신사상운동으로서 사회주의운동의 활력이 뚝뚝 묻어난다.

원경 저야 어려서부터 알았죠.

손 아버지에 대한 진실을 안 것은요?

원경 그거는 훗날이죠. 정확하게 언제인지 모르겠는데 하여튼 아버지가 묘하다고 생각했어요. 가는 곳마다 사람들이 알아보고 존경한다고 하는데 어린 저로서는 이해할 수 없었어요. 사람들이 아버지를 '어른'으로 대접한다는 것 정도로만 알았던 것 같아요.

손 그러면 아주 어렸을 때부터 기억을 다시 떠올려보죠. 박헌영이 월북[2]을 한 게 1946년 9월이죠? 아버지가 월북한 뒤 어디서 지냈는지부터 이야기 나눠볼까요.

원경 아버지가 월북한 뒤 저는 큰아버지, 큰어머니와 함께 살았어요. 옆집에서는 김삼룡 선생이 같이 살았어요. 제가 살던 그 집은 정확하게는 잘 모르겠지만 서울 장충동 근처에요. 일본식 이층집이었습니다. 아래층은 쌀가게, 반찬가게였어요. 그곳이 남로당의 핵심 아지트였어요.

손 아지트에서 함께 사셨군요?

원경 네. 제가 당시 남산 초등학교에 다녔는데 어려서부터 그 집에 누군가가 저에게 태권도, 그때는 '당수'라고 했었는데, 그걸 가르쳐주었어요. 그때까지만 해도 세상이 뭔지도 모르고 살았어요. 차 한 잔 드세요. 여기 차가 보통 것들과 다른 겁니다.

손 향기 참 좋은데요. 그럼 큰아버지를 따라서 서울에 올라온 건가요?

원경 아니요. 본래 서울 근교인 과천에서 살았어요.

손 태어나신 곳은 서울이 아니시죠?

원경 청주입니다. 어머니[3] 말씀이 청주 무심천을 등지고 있다고 그랬어요. 초가삼간이었습니다. 여기서 이야기를 조금 더 거슬러 올라가죠. 아버지가 대전 감옥에서 나오셨을 때인데요.

1946년 9월 무렵의 박헌영. 월북 직전 남쪽에서의 마지막 모습.

원경 스님의 생모 정순년. 1939년 가을 박헌영이 출옥했을 당시 '하우스 키퍼'였던 정순년의 젊은 시절 모습. 정순년은 경성콤그룹 활동가였던 정태식 집안 조카이다.

2 해방 뒤 박헌영은, 1925년 창립했지만 일제 탄압으로 무너진 조선공산당을 재건하고 지도자로 활동했다. 당시 박헌영은 미군정은 물론 이승만과도 적극 대화에 나서며 합법적으로 활동하고 있던 유력 정치인이었다.
하지만 미군정은 1946년 5월 조선공산당 탄압에 본격적으로 나서 박헌영에게 체포령을 내렸다. 박헌영은 남쪽에서 피신 중에 김일성의 권유로 월북했다. 월북한 박헌영은 당시 38선 인접지역인 해주에서 남쪽의 혁명활동을 지도했다.

3 원경 스님의 어머니 정순년(1922~2004)을 이른다. 정순년은 충북 영동 출신으로 〈해방일보〉 주필을 지낸 정태식의 오촌 조카다. 18살에 당숙 정태식의 권유로 신학문을 배울 목적으로 서울로 왔다. 그 뒤 경성콤그룹의 아지트를 지키는 일을 하며 감옥에서 막 나온 박헌영의 잠행 생활을 도왔다.
청주와 서울을 오가며 박헌영을 돕다가 박헌영과 사랑이 싹텄다. 1941년 3월 두 사람 사이에 아들이 태어났다. 박병삼, 곧 원경 스님이다.
결혼식을 올리지 않은 딸의 출산을 뒤늦게 안 정순년의 부모는 격노했다. 갓 태어난 아기를 둔 채 부모 손에 이끌려 고향으로 간 정순년은 부모의 강압으로 1942년 인근 마을의 목수와 결혼한다.

손 네, 그때부터 들려주시죠.

한산 스님과의 인연

원경 경성콤그룹이라고, 아버지가 상하이에서 체포되기 전 조선공산당 재건활동을 벌일 때 김형선[4]을 통해 국내에 있던 이재유[5]에게 지시해 만들어진 조직이 있습니다. 이재유 선생은 나중에 옥사를 하시는데, 바로 주세죽 여사의 이종사촌 동생입니다.

손 아, 이재유가 주세죽[6]의 이종사촌 동생이었군요!

원경 그렇습니다. 그런데 이재유 선생이 다섯 살 때인가 일곱 살 때인가, 일찍 어머니가 돌아가셨다고 해요. 그리고 집을 나와 보성전문학교를 다니는데 학비는커녕 먹고살기도 힘들었답니다. 그래서 학교를 자퇴하고 찾은 사람이 이종사촌 누나였어요. 당시 아버지는 신문기자로 활동할 때였죠. 조선공산당을 창당할 무렵인 걸로 알고 있습니다.

손 그때부터 이재유와 박헌영 사이에 깊은 관계가 이뤄진 거네요.

원경 그럼요. 학자들이 뭔가를 자꾸 놓치고 계시는데, 뭐든 조직하는 것이 하루아침에 되는 게 아니거든요. 아버지가 이재유에게 공부를 계속해야 한다고 설득해 개성농업학교에 입학시켜 주었어요. 그런데 그곳에서 동맹휴학 주동자로 몰려 퇴학을 당합니다. 그러자 아버지는 혁명을 위해서는 실력을 쌓고, 공부를 더 해야 한다며 일본으로 보냅니다.

손 그럼 박헌영이 이재유를 유학 보낸 건가요?

원경 네. 아버지가 지도력이 있었던가 봐요. 이미 3·1운동 때부터 학생의 몸으로 선생이라는 칭호를 받았다고 그러니까요. 그게 샤브시나 콜리코바 여사의 증언입니다.

4 김형선(金炯善 1904~1950)은 경상남도 마산 출신의 독립운동가다. 당대의 혁명가로 여동생 김명시(金命時)와 남동생 김형윤(金炯潤)도 그 영향을 받아 혁명의 길로 들어섰다. 청년운동을 하다가 1924년 고려공청 중앙총국과 관계를 맺고 마산공산당과 마산공산청년회 결성에 참가했다.

일제의 검거망을 피해 중국으로 망명했다가 코민테른의 조선공산당 재건 지시를 받고 1931년 서울로 잠입했다. 상하이와 연락관계를 수립하고 노동자와 농민에게 조선의 독립과 공산주의 교양사업에 나섰지만 1933년 체포됐다. 1945년 8월 해방과 함께 출옥했고 조선공산당 재건에 참가했다. 1950년 9월 한국 전쟁 중에 월북하다가 미군 폭격으로 숨졌다.

5 이재유(李載裕 1903~1944). 함경남도 삼수에서 태어나 1926년 일본으로 건너가 노동운동에 눈뜨는 한편 사회과학 공부를 하며 혁명가로 성장했다. 조선공산당 재건 일을 하다가 체포되어 3년 6월의 징역형을 마치고 출옥해 1933년 2월 이현상·김삼룡·정태식과 '경성트로이카'라는 비밀결사를 결성했다. 혁명사상과 대중의 결합을 중시했으며 반제 민족통일전선을 강조했다. 1936년 다시 체포되어 징역 6년의 형을 마쳤으나, 전향하지 않는다는 이유로 석방되지 못하고 1944년 10월에 41살로 옥사했다.

6 주세죽(朱世竹 1901~1953). 일제 강점기 독립운동가이자 혁명가. 함경남도 함흥에서 태어나 경성(서울)으로 유학하던 중등학교 시절에 3·1 독립운동에 참가해 구금됐다. 학업을 중단하고 상하이로 유학을 떠나 피아노 공부를 하던 중에 박헌영과 김단야를 만나 공산주의 운동을 벌였다.

박헌영의 경기고보 동창인 심훈이 쓴 첫 장편소설 『동방의 애인』(1930)이 상하이 시절 박헌영과 주세죽을 모델로 한 작품으로 알려져 있다. 1921년 박헌영과 결혼한 주세죽은 귀국해 박헌영과 더불어 독립운동에 나섰다. 1925년 1월 허정숙과 함께 조선여성해방동맹 조직에 나섰고, 조선공산당에 입당해 1926년에는 6·10 만세운동 참가 혐의로 체포됐다. 1927년 5월 항일 여성운동 단체인 근우회 결성에 참여했고 남편 박헌영이 정신병자 행세를 하며 병보석으로 감옥에서 풀려난 뒤 만삭의 몸으로 일제의 감시망을 뚫고 소련으로 탈출했다. 모스크바에서 동방노력자공산대학을 졸업한 뒤 박헌영과 함께 상하이로 옮겨 독립운동을 전개했다.

박헌영이 체포된 뒤 그가 살아나올 가능성이 없다고 판단해서였을까. 김단야와 재혼했다. 1937년 김단야가 스탈린 치하에서 '일제 밀정'으로 체포돼 처형된 뒤 주세죽도 카자흐스탄으로 유배당했다. 1945년 8월 15일 해방 뒤 스탈린에게 조선으로 귀환을 허용해달라고 청원했으나 거절당했다.

박헌영과의 사이에 소련에서 출산한 딸 비비안나는 무용수로 성장했으며 1946년 7월 박헌영이 소련을 방문했을 때 아버지와 만났다. 주세죽은 박헌영을 만나지 못했으며 나중에 박헌영이 조선에서 체포됐을 때 딸을 걱정해 모스크바로 달려오던 길에서 병을 얻어 숨졌다. 소련공산당은 뒤늦게 1989년 3월 주세죽의 명예를 회복시켜주었고 대한민국에서도 2007년 8월 복권되어 건국훈장 애족장을 추서 받았다.

손 해방 당시 서울에 있던 소련 영사 샤브신의 부인이죠?

원경 네. 그분이 소련 영사의 부인 시절이던 1945년 아버지를 만났을 때 메모했던 기록이지요. 샤브시나가 나중에 조선학을 공부해서 학위를 받았어요. 제가 1991년 모스크바에서 그분을 만났는데 그분이 '잊어서는 안 될 조선 혁명가 박헌영'이라는 글을 썼대요. 그런데 러시아 쪽에서 실어주는 사람이 없어요. 제가 그 원고를 사 와서 번역해 〈역사비평〉에 실었습니다. 거기에 말씀드렸던 그 내용이 나옵니다. 아버지가 3·1운동 때 유인물을 써서 등사판으로 복사했는데요. 글을 쓰다 보니까 사람들이, 어른들까지 박 선생, 박 선생 그렇게 불렀다고 합니다. 아무튼 그랬는데 나중에 아버지에게로 수사망이 좁혀옵니다.

손 그렇군요.

원 그리고 사람들이 잘 모르고 계시는데, 아버지에겐 친누님이 한 분 계십니다.

손 저도 박헌영에 대한 자료는 어지간하면 다 보았다고 생각했는데 친누님 이야기는 처음 듣네요. 이참에 가계 이야기를 들려주시지요.

원경 그러죠. 아버지의 어머니, 그러니까 저의 할머니께서, 나이 18세에 결혼을 해요. 조씨 집안의 둘째 아들인데, 성함은 제가 잘 모르겠어요. 이분은 풍운아라고 알려져 있습니다. 조씨 집안은 벼슬을 했던 양반이었고, 우리 할머니 집안도 양반이었어요. 그런데 그 둘째 아들이 병이 있었다고 해요. 허파 병이랍니다. 지금으로 보면 폐암인지 뭔지는 모르겠지만 그 당시에는 그렇게만 알려졌어요.

손 당시는 결핵, 폐병으로도 죽었던 시절이니까요.

원경 병이 있었지만 말씀드린 대로 그분은 금광을 찾아다니는 풍운아였어요. 그러다 마침내 금광을 발견합니다. 지금의 예산 서초정리에 금광이 있었어요.

그래서 거기 와서 살았어요. 집이 세 채가 있는데 한 채는 사람들이 자는 곳이었고, 광산 옆에 있는 거는 기계로 광석을 부수어서 금을 골라내는 작업을 하는 곳이었어요. 이곳에서 할머니가 딸을 낳습니다. 그런데 아이에게 병을 옮길 수도 있다고 해서 서울에 사시던 할아버지에게 보냅니다. 그래서 할머니의 딸은 서울에서 살면서 신학문을 했어요. 그런데 병에 걸린 남편이 결국 죽어요. 죽고 나니까 남편이 젊은 나이에 벌여놓은 금광 일 뒤처리를 해야 했어요. 남편이 죽고 4년 동안 그 금광에 남아서 광산을 운영했어요.

그러려면 곡식이 필요하지 않겠습니까. 곡물을 보관했다가 파는 사람, 그러니까 도정하지 않은 걸 쌓아놨다가 필요한 것만 도정해서 팔았던 사람이 바로 저희 친할아버지입니다. 박헌영 선생의 아버지이지요. 친할아버지는 광산에 있던 식당에 자주 왔어요. 보리쌀도 갖다 주고 좁쌀도 주고 쌀도 대주고 아무튼 남편이 있을 때부터 단골이었다고 그래요. 들락거리면서 둘이 눈이 맞아요. 그러다 남편이 죽은 한 4년 후에 덜컥 아기가 생깁니다. 그게 박헌영 선생이에요. 할머니가 아버지를 할아버지 나이 서른세 살에 낳았습니다. 요즘 같은 세상에선 지웠겠지요. 아무튼 조씨 집안에서 그 사실을 안 거예요. 집안에서 노발대발, 야단이 났지요. 모든 재산권을 다 뺏고 며느리를 축출해 버렸어요. 하지만 아무리 쫓겨났어도 광산을 운영하며 자금을 관리한 것은 있지 않았겠습니까. 그래서 신양으로 나와서 일곱 마지기 1,400평의 땅을 사서 미음(ㅁ) 자 형태의 기와집을 짓고 거기서 국밥 장사를 시작한 겁니다. 장사를 하면서 주위에 텃밭을 가꿔 채소 같은 거 해먹고 그렇게 아들을 키우고 그랬답니다. 그러다가 큰할머니(본부인)가 돌아가실 때 저희 할머니한테 손을 잡고 부탁하기를 당신은 이제 얼마 살지 못한다. 이왕 박씨 씨앗을 가져 우리 혈통을 이었으니, 당신이 낳은 아들과 딸들을 부탁하면서 살림을 합치라고 했대요. 그게 박헌영 선생이 다섯 살 때였는데, 그때 정식으로 살림을 합칩니다.

손 그럼 박헌영 선생의 친누님이라는 분은 아버지가 다른 누나이군요.

원경 그렇죠. 그 누님의 이름은 조봉희입니다. 나에겐 고모죠. 어머니가 조씨 집안에서 축출당했을 때 누님이 열다섯 살이었답니다. 남의 집 씨앗을 낳아서 조씨 집안에서 영원히 못 본다고 했죠. 열다섯 사춘기에 충격을 받은 고모는 서울 보문동에 있는 '탑골승방'이란 절로 중이 되겠다고 갔답니다.

손 스님으로요?

원경 네.

손 불교와 집안의 인연이 깊네요.

원경 우리 집안이 하여튼 묘해요. 아무튼 중 되러 갔는데 그때 권번[7]을 꾸려가던 어른이 절에 왔다가 조봉희를 보았답니다. 주지 스님 통해 자초지종 이야기를 들었나 봐요. 조봉희가 서울에서 열다섯 살까지 신학문을 배우던 사람이라 그랬는지 그 어른의 마음에 들어서 당신의 수양딸로 삼고 데려갔대요. 그래서 그 수양어머니가 조봉희를 권번에서 키웠어요. 글을 가르치고 소리와 춤을 가르치면서 아주 훌륭한 기녀로 만들었어요. 알다시피 기생은 머리를 올릴 때가 있거든요. 머리를 올리는 것이 말하자면 남자한테 처녀를 바치는 겁니다. 호남의 만석꾼한테 머리를 올렸는데 김가 성을 가진 사람입니다.

손 호남의 만석꾼이면 김성수 일가인데요?

원경 그쪽은 아닌 거 같아요. 아까 말씀드린 김해균의 아버지가 그 사람으로 알고 있어요. 그런데 덜컥 아이를 낳았어요. 그 아이가 바로 나중에 박헌영 선생을 옆에서 모시고 저를 키워주신 한산 스님입니다. 이름은 김제술입니다. 조봉희라는 사람이 바로 누구냐면, 그러니까 지금의 길상사 자리인데요, 대원각의 주인이었어요. 조봉희 여사가 권번의 수양어머니로부터 물려받은 겁니다. 대원각의 건물과 토지대장에 지금도 이름이 남아 있어요.

손 그런 진실이 숨어 있었군요.

원경과 샤브시나. 원경은 비비안나와 함께 소련의 역사학자 샤브시나 여사도 만났다. 샤브시나는 해방 직후 서울에서 소련영사를 지낸 샤브신의 아내로 소련에서 역사학자로 활약하며 한국역사를 연구했다.

7 권번(券番). 일제 강점기, 기생들의 조합.

원경 네. 그런데 조봉희는 나름대로 어려서부터 한이 있으니까, 당신 아들은, 마침 머리가 뛰어났기에 더 그랬을 텐데, 동경제대까지 유학 보냅니다.

손 한산 스님이 동경제대 출신이셨어요?

원경 네. 그분이 동경제대 출신이라는 것은 제가 훗날, 1961년인가에 재선 스님과 남해 보리암 부소대에서 살 때 들었어요. 재선 스님은 명치대 출신입니다. 제주도 사람이고요. 이분이 한산 스님께 아주 깍듯했어요. 그때 한산 스님을 일러 저분이 귀재이고, 머리가 비상하고, 동경제대 출신이라는 말을 자주 했어요. 한산 스님은 당신 입으로 자기가 어디 출신이고, 저와 인적관계가 있고 없고 그런 말 한 번도 한 적이 없어요.

손 그럼 한산 스님과는 결국 사촌 관계이시네요.

원경 고모의 아들이니까 고종사촌이지요. 대원각에 김영한[8]이라는 사람이 있었는데, 기생 명으로는 자야입니다. 백석 시인하고 28일 동안 동거를 했다는 사람입니다. 이 사람한테 재산권이 가게 된 이유가, 1949년에 김소산이라는 여간첩 사건[9]이 터지면서입니다. 당시 반공검사였던 오제도[10]가 사랑했던 여인이지요. 그런데 오제도가 직접 잡아넣지요. 김소산은 조봉희의 딸로 김제술의 동생입니다. 바로 그 유명한 김소산이에요. 우리 고모의 딸이지요. 한산 스님과는 네 살 차이로 저에게 누님이 됩니다. 그래서 해방 후에 누님이 운영하던 대원각을 아버지한테 내줬다는 겁니다. 하지만 아버지가 말씀하시기를 이곳은 신변 안전에도 좋지 않고 또 내가 이런 큰 집에 사는 것도 이율배반적이고, 그래서 그냥 뒀다는 건데, 그게 고모 집이었으니까 가능했던 거 같더라고요. 그런데 김소산이 감옥에 갈 때, 당신이 나올 때까지 '새끼 기생'이던 자야에게 책임지고 관리를 하라 했어요. 그랬는데 1950년에 전쟁이 났어요. 그래서 피난도 가고 복잡한 전쟁의 와중에 수복 후 자야가 당시 국회부의장이던 이재학의 애첩이 됩니다. 그리고는 이재학과 결탁해서 1955년에 대원각

8 김영한(1916~1999)은 양반의 딸이었으나 가세가 기울어 16세에 권번에 들었다. 당대의 시인 백석(1912~1996)과 나눈 사랑과 이별로 세간의 눈길을 모았다. 백석은 김영한을 처음 만난 순간부터 사랑에 빠져 그에게 '자야'라는 애칭으로 불렀다. '자야(子夜)'는 중국 고대부터 노래 잘하고 사랑스러운 여인을 일러온 말이다.

둘은 살림을 차렸으나 백석 부모의 완강한 반대로 시인은 결국 다른 여성과 결혼한다. 하지만 결혼한 뒤에도 자야에게 돌아와 함께 만주로 가자고 제안했다. 자야는 자신이 백석의 장래에 걸림돌이 된다고 판단해 거절했다. 결국 백석은 홀로 만주로 떠나고 해방과 분단, 전쟁으로 두 사람은 재회하지 못한다.

백석은 김일성대학에서 국문학을 강의했으나 1957년 아동문학 논쟁이 벌어질 때 계급적인 요소를 강조하기보다 아이들의 눈높이에 맞추는 게 옳다는 주장을 펼치다가 "낡은 사상의 잔재"라는 비판을 받고 집필 금지와 함께 압록강 인근 양강도 삼수군에서 노동자로 살았다고 전해진다.

남쪽에 남은 자야는 정치인들이 즐겨 찾은 요정 대원각을 운영하며 1,000억 원대의 재산가가 된다. 자야는 1995년에 대원각을 법정 스님에게 아무 조건 없이 시주했다. 법정 스님의 책을 읽고, 젊은 여성들의 웃음을 팔아 번 돈을 부끄러워하며 내린 결정이다. 창작과비평사에도 2억 원을 기증해 1997년에 백석문학상도 제정했다.

그런데 원경 스님의 증언에 따르면 본디 대원각은 자야의 소유가 아니었다. 백석은 연인에게 산골로 가서 살자고 제안하는 시에서 다음과 같이 절창했다. "산골로 가는 것은 세상한테 지는 것이 아니다/ 세상 같은 건 더러워 버리는 것이다."

9 당대의 미인으로 꼽힌 기생 김소산의 사회주의 활동은 남쪽에서 〈특별수사본부 기생 김소산〉이라는 영화로 국민들에게 널리 알려졌다. 배우 윤정희가 김소산 역을 맡았던 이 영화는 1973년 대종상 영화제에서 우수 반공영화상을 받았다. 영화의 내용은 전형적인 반공드라마로 원경 스님의 진술과 비교하면 큰 차이가 있다.

10 오제도(吳制道 1917년~2001)는 1946년 서울지검 검사로 임명된 뒤 해방정국에서 '반공검사'로 유명세를 탔다. 4월 혁명 직후 당시 민주당이 그의 전력을 문제 삼아 '오제도 검사 파면 동의안'을 국회에 제출하자 사표를 내고 변호사로 개업했다. 그 뒤에도 한국반공연맹 이사를 비롯해 1998년에도 '헌법을 생각하는 변호사 모임' 고문을 맡으며 끝까지 반공을 부르며 살았다.

등기를 자기 앞으로 바꿔버려요. 그렇게 자야의 손으로 넘어갔던 거예요. 그래서 김영한(자야)이 나에게 그 대원각을 돌려주겠다고 했었지요.

손 그런 관계가 있었군요. 그런데 대원각을 스님께 돌려주지 않고 법정 스님께 맡겼네요.

원경 그러더군요. 훗날 인천에 계신 송담 큰 스님께서 오셔서 이 문제에 관한 이야기가 나왔는데, 자야가 인천 용화사에다가 기증하고 싶다고 했는데 여러 가지 생각 끝에 거절하셨다고 나한테 이야기하시기도 했어요.

남로당 핵심 김삼룡과 함께한 어린 시절

손 어린 시절 청주에서 서울로 온 이야기로 다시 돌아가 볼까요?

원경 저희 할머니가 돌아가시면서 큰아버지[11] 손을 잡고, 아범(박헌영)에게 아이가 있으니 아범이 밝은 세상으로 나오는 날 꼭 연결해달라고 당부했답니다. 그게 바로 접니다. 장충동에 살기 전인 그때까지 저는 김삼룡 선생 부인인 이순금 여사의 보살핌 아래 서울 근교인 과천에서 살았어요. 집에서 바라보이던 관악산이 기억에 남아 있습니다. 해방이 되자 큰아버지는 할머니의 유언을 지키기 위해 당신 부인과 같이 저를 만나러 과천에 옵니다.

이때 아버지와 조선공산당 활동을 함께하던 김삼룡 선생이 장충동 적산가옥[12]을 큰아버지한테 사줍니다. 돌아가서 힘들게 농사짓느니 쌀가게와 반찬가게를 하며 살라는 거였어요. 그래서 큰아버지가 저를 데리고 장충동에 정착합니다. 바로 옆이 김삼룡 선생 집이었는데 문을 통해 가게와 연결되어 있었어요. 저도 그 문으로 다녔지요. 이렇게 해서 큰아버지 내외와 저, 그리고 김삼룡 선생이 장충동에서 서울 생활을 함께 하게 된 겁니다.

김삼룡 선생은 저를 자전거에 태워서 장충동 일대를 돌아다니고 그랬어요.

남로당 핵심 지도자였던 김삼룡

11 본처의 아들로 박헌영의 형 박지영을 이른다. 박헌영 아버지의 본처가 일찍 죽은 뒤 그녀의 유언에 따라 박헌영의 어머니는 살림을 합친다.

심부름도 시켰지요. 뭔 이야기를 들려주고 저 사람한테 가서 그대로 전하고 오라고 합니다. 그러면 저는 이야기를 전달하고 다시 그 사람이 해준 이야기를 아저씨(김삼룡)에게 전했지요. 그럼 큼직한 빵을 하나 사주시고, 제가 그걸 입에 물며 돌아다녔던 기억이 나요.

손 어렸을 때부터 혁명운동에 참여하신 거네요? (웃음)

원경 그땐 뭐가 뭔지 몰랐지요. 그런데 어느 날 밤중에 야단이 났어요. 경찰이 들이닥친 겁니다. 주위에 있던 사람들이 모두 흩어졌는데 큰아버지, 큰어머니뿐만 아니라 평소 저를 도와주고 잘 대해주던 아저씨들 모두 도망갔어요. 옆집 김삼룡 선생은 담 넘어 피신했고, 아이를 안고 있던 이순금 여사와 젊은 사람 둘인가가 붙들려 갔습니다. 저는 무서워서 쌀가마니들 뒤에 숨어서 숨죽이고 있었죠.

손 경찰이 남로당 아지트를 발견하고 급습한 거군요.

원경 네. 그렇게 갑자기 주변 사람들이 사라집니다. 아직 어린 저는 무서웠어요. 가마니 뒤편에 쪼그려 앉아 자기도 하고, 혼자서 집 안을 뒤져 뭘 해 먹기도 했습니다. 큰어머니가 수제비 하는 걸 본 적이 있어서, 기억을 더듬어 불 때고 물 데우고 거기다 간장 넣고 가게에서 팔던 밀가루를 주물러 반죽을 했어요.

손 그 사건이 일어난 게 1950년이니까 스님이 열 살 소년 때였죠?

원경 그렇죠. 그렇게 며칠을 지냈는데 가끔 들르던 아저씨가 한 분 오셨어요. 그분이 바로 이주하 선생[13]입니다. 저를 발견한 이주하 선생이 음식을 사주었는데 제 기억으로는 추어탕 같아요. 배부르게 먹었는데 그때 저를 보시면서 딱 하시는 말씀이 "너밖에 없다, 너밖에!" 이래요. 평생 잊히지 않는 말이에요.

손 이주하가 그렇게 말했나요?

남로당 핵심 지도자였던 이주하

13 이주하(李舟河 1905~1950). 함경남도 북청 출신의 노동운동가. 의병활동을 한 아버지가 날품으로 학교를 보냈다. 3·1운동이 일어날 때 선생님의 유인물 제작을 도운 것이 탄로 나 피신했고 일본으로 건너가 니혼대학(日本大學) 정치학과를 다니다가 중퇴하고 귀국했다.
원산을 중심으로 노동운동을 벌이다가 체포돼 감옥에서 4년을 보냈다. 출옥한 뒤에도 노동운동에 다시 나섰으며 해방 뒤 서울로 와 조선공산당 재건에 참여했다. 박헌영이 월북한 뒤 총책을 맡은 김삼룡과 함께 남로당을 지하에서 지도했다. 1950년 3월 체포되어 한국전쟁 직후 즉결 처형 당했다.

원경 김삼룡의 얼굴을 아는 사람이 너밖에 없다는 뜻이었습니다. 그러니 중부 경찰서로 가서 그가 잘 있는지 보고 오랬습니다. 그래서 가 보니 아저씨가 진짜 거기 있더라고요. 나무로 된 긴 의자에 앉아 있는데 한쪽 가랑이는 피가 말라붙어 검붉었어요. 어디가 어떻게 다쳤는지, 다친 다리가 왼쪽인지 오른쪽인지 모르겠고, 수갑이 나무에 채워져 있었어요.

손 김삼룡과 눈이 마주쳤나요?

원경 네. 저는 하도 놀라 말도 못 하고 그냥 바라보고 있었거든요. 아저씨가 무서운 눈빛으로 저를 봐요. 아는 척을 못 하게 하는 거예요. 아예 접근을 못 하게끔 압박합니다. 저는 뒷걸음질쳐서 복도에서 나왔어요. 그런데 나와서 보니까 또 문제가 터졌어요. 밖에서 항의 시위를 하던 이주하 아저씨를 대여섯 명도 넘는 사람들이 덮친 겁니다. 경찰들이 옷을 벗어 아저씨 얼굴에 뒤집어 씌우고 경찰서로 들어갔습니다.

손 실제로 이주하가 그렇게 체포됐다는 기록이 남아 있습니다.

원경 그런데 사실 그때까지도 경찰은 이주하의 얼굴을 몰랐어요. 경찰서에 붙잡혀 있는 김삼룡의 얼굴도 마찬가지였고요. 아지트를 급습한 그날 밤 도망가면서 담장 철조망인가 어딘가에 걸려 다리가 찢어졌는데, 이걸 경찰들이 알고 절룩거리는 사람을 죄다 잡아놓았던 겁니다. 경찰은 남로당에서 전향한 사람을 불러 누가 김삼룡인지 확인하려고 했습니다. 이주하 아저씨는 사람들을 불러모아 경찰서 앞에서 시위를 하고 있었고요. 그런데 그 전향한 사람이 김삼룡을 확인하러 경찰서에 오다가 시위 군중 가운데 이주하가 변복하고 숨어 있는 걸 본 겁니다. 이주하는 그렇게 체포되었어요. 경찰이 이주하를 체포해서 들어가 보니까 웬걸, 김삼룡도 거기 있었던 거죠.

손 문서 기록과 일치합니다.

원경 그날 아버지의 오른팔과 왼팔이 모두 잡힌 겁니다.

손 남로당이 무너지는 순간이었죠. 그 현장에 스님이 계셨던 거군요.

원경 나는 그러니 또 야단났어요. 아저씨를 아저씨라고도 못 하고 다시 혼자가 된 거죠.

손 열 살 때면 참 무서웠겠어요. 마음에 상처도 컸을 법합니다.

원경 울면서 거리를 헤매다 아무래도 누가 올 것 같아 집에 가 있었어요.

3
지리산에서 만난 '빨치산 사령관' 아저씨

홀로 남은 소년, 스님이 되다

　열 살 소년 박병삼에게 1950년 3월 함께 살던 아저씨들의 잇따른 체포는 깊은 상처로 다가왔을 수밖에 없다. 아버지는 미군 체포령에 쫓겨 월북하고 그를 돌봐줄 사람이 없는 상황에서 소년은 얼마나 먹먹했을까?
　해방공간의 5년은 실로 역동적으로 변화하고 있었다. 박헌영의 열 살 난 아들 병삼에게도 가혹한 운명은 이제 겨우 시작이었다. 남과 북에 각각 대한민국과 조선민주주의인민공화국이 건국되면서 분단의 비극은 정점으로 치닫고 있었기 때문이다. 이미 전쟁의 먹구름이 시커멓게 몰려오고 있었다.

손 모두 체포되어 빈집에 홀로 남은 소년이 떠오르네요. 얼마나 살길이 막막했을까요.
원경 외롭기도 하고 무섭기도 했는데 마침 누가 찾아왔습니다. 바로 한산 스님이었어요. 스님은 자료에는 잘 나오지 않는데 본명인 김제술은 한두 군데에

1946년 2월 민주주의민족전선 결성 대회장.

나와요. 1946년 2월 민전[1]이 만들어질 때 참여했던 걸로 나와 있어요. 아까 말씀드린 사진도 그때 모였다가 찍은 사진일 겁니다.

손 동경제대 나온 김제술, 그분이 한산 스님이라 하셨죠?

원경 네.

손 원경 스님의 고종사촌 형이었고요.

원경 그렇죠. 그런데 그 민전이 창립됐을 때 사무총장이 이강국입니다. 그 자료만 그대로 인용하면 이강국을 사무총장으로 앉힌 사람이 바로 김제술입니다. 이 사람이 자료에는 아무 직책도 없어요. 얼굴이 새카맣고 키도 작아 볼품없는 사람입니다. 고위 지도자들하고만 어울렸지요. 박헌영 선생의 비서였다고 생각해요. 김삼룡 선생의 측근이라고도 할 수 있지요. 보이지 않는 데서 영향력을 행사하는 겁니다. 당시 이강국은 경성제대를 나오고 베를린까지 가서 철학박사 학위를 받았죠. 하여튼 그 당시 최고 엘리트입니다. 근데 이 엘리트를 좌지우지하는 사람이 한산 스님이었어요. 한산 스님은 남로당이 당시 각계에 침투시킨 비밀당원들을 관리하는 총책임자가 아니었을까 짐작해요. 실제로 그런 증언도 있었고요.

손 누구 증언인가요?

원경 박갑동입니다. 박갑동 씨가 여기로 저를 찾아왔었어요. 그 얘기를 물었더니 자기는 잘 모른다고 하더군요. 당시 〈중앙일보〉에 연재할 때 자기가 쓴 원고를 중앙정보부(현 국가정보원) 요원하고 어느 학자가 다시 걸러서 신문에 냈다고 그러더군요. 조금 뒤에 그 이야기는 너 할게요. 아무튼 박갑동 씨 이야기로는 아버지가 월북한 뒤 해주에 머물렀다고 합니다. 38선 이북에 계셨으니까 이남과 통신 연락을 할 사람이 필요했는데요. 가장 믿을 수 있는 사람을 시켰겠지요. 북쪽의 상황을 김삼룡 선생에게 전하고 또 남쪽의 상황을 그대로 담아 와서 아버지께 보고할 그런 사람인데요. 김제술이 그 역할을 했던 겁

민주주의민족전선 결성대회에 참석한 박헌영과 여운형.

1 1946년 2월 15일에 결성된 '민주주의민족전선'의 약칭. 조선공산당은 2월 13일 모든 민주주의 세력의 참가를 요청하는 성명을 발표하고 15일 결성대회에 박헌영이 참석해 연설했다. 박헌영은 연설에서 "민주주의적 실천만이 완전 독립의 가장 빠른 지름길"이라고 강조했다.

니다. 핵심 비밀 요원이었기 때문에 자료에 이름이 나타나지 않은 거죠.

손 당시 엄혹한 상황에서 남북을 넘나들며 박헌영과 김삼룡을 이어주던 '스님'이 그려지네요.

원경 그런데 한산 스님이 북쪽에 갔다 왔더니, 아까 말씀드렸듯이 아지트가 다 박살 난 거죠. 야단난 겁니다. 그때 한산 스님이 내 손을 잡고 간 곳이 어떤 요정이었어요. 대원각인지 어딘지는 모르지만 하여튼 요정인데, 거기 가니까 나를 알아보는 사람이 있었어요. 나에게는 누나이고, 한산 스님한테는 여동생인 거죠. 거기서 잠깐 있다가 나를 데리고 간 곳이 지금의 서오릉이었어요. 서오릉에 갔더니 한산 스님의 어머니인 조봉희 여사님이 계셨어요. 거기서 며칠 있는데 조봉희 여사님이 한산 스님에게 저를 데리고 산으로 가라고 했어요. 기차도 타고 또 어디 가서 트럭도 타고, 달구지도 타고 해서 간 곳이 화엄사였어요.

손 지리산 화엄사[2] 말씀하시는 건가요?

원경 네. 한산 스님은 화엄사에다 날 두고 어디론가 가셨어요. 아마 오월인 것 같아요. 왜냐면 진달래와 철쭉이 산에 지천으로 깔려 있었거든요.

손 그럼 1950년 5월이 되겠네요.

원경 거기서 제가 머리를 깎았어요. 당시 화엄사 주지가 서동월 스님이었어요. 그런데 여기에도 비사가 하나 있어요. 그 서동월 스님이 나중에 빨치산들한테 죽습니다.

손 빨치산들이 왜 스님을 죽였을까요?

원경 그건 조금 뒤에 더 이야기할게요. 아무튼 지리산에서 머리 깎고 중 옷 입고, 심부름하고 있는데, 어느 날 한산 스님이 다시 저를 데리고 가더라고요. 지리산 화엄사 옆에 피아골이라고 있는데 그곳에 또 연곡사[3]라는 절이 있어요. 그곳에서 얼마 있다가 피아골로 해서 지리산 중턱으로 올라가니까 옛날

민주주의민족전선 결성대회에 참석한 박헌영과 여운형. 1946년 2월 민전 결성대회 당시 박헌영과 여운형은 둘 다 어려운 처지에 놓여 있었다. 두 사람의 협조와 갈등이 모두 담겨 있는 듯하다.

2 화엄사. 전남 구례에 있는 큰 절. 백제 성왕 22년(544)에 인도 스님인 연기조사가 창건해 화엄사상을 가르쳤다. 원효대사와 의상대사가 모두 머물던 곳으로 알려져 있다.

3 연곡사. 전남 구례의 피아골 들머리에 있는 절. 545년 연기조사가 창건한 절로 선도량(禪道場)이다. 연기조사가 큰 연못에서 제비가 날아가는 모습을 보고 그 자리에 법당을 세우며 연곡사라고 했다고 전해진다. 임진왜란 때 불에 탄 뒤 복원되었고, 1910년 고광순이 의병을 거느리고 이곳에서 왜군과 싸우는 과정에서 다시 불탔다. 중건했으나 한국전쟁 때 다시 폐사되어 재건되지 못하다가 1981년 대규모로 대웅전을 신축해 오늘에 이르고 있다.

에 서울에서 봤던 아저씨가 거기 있더군요.

손 아, 그럼 그분이 이현상인가요?

원경 네. 이현상 선생이었어요.

손 그렇다면 잃어버린 사진도 그렇고 이현상, 김삼룡, 이주하, 이렇게 남로당의 대표적인 세 혁명가들을 모두 아저씨로 부르며 그분들의 귀여움을 받았던 셈이군요. 어린 시절 기억에 남은 인상을 자세히 말씀해주시죠. 먼저 김삼룡은 어떻게 기억나세요.

원경 얼굴이 나처럼 넓적해요. (웃음) 훤했지요. 이주하 선생은 아주 대차면서 얼굴이 조금 비스듬했어요. 이현상 선생은 자주 봤으니 잘 알죠. 코가 날카롭고 상당히 마른 편이었고, 훤칠했어요. 한산 스님은 키가 좀 작아요. 한 1미터 65~67센티미터 정도 아니었을까 싶어요. 이주하 선생도 그렇게 키가 안 컸어요. 김삼룡 선생도 마찬가지입니다. 옛날에 같이 찍은 사진에 보면 키가 비슷해요.

손 박헌영도 키가 크지 않았죠?

원경 북쪽에서 나온 자료를 보면 키가 1미터 60센티미터라고 되어 있어요. 근데 미 군정청이 수배할 때 낸 자료를 보면 1미터 59센티미터예요. 아마 북쪽에서 낸 자료가 맞을 거예요. 근데 아버지는 앉은키가 커요. 제가 이걸 왜 확신했느냐 하면 김일성과 서 있는 사진은 상당히 키 차이가 나는데 앉은 사진을 보면 비슷해요. 누구는 뭘 깔았다고 하던데요. (웃음) 내가 봤을 때는 그건 아닌 거 같아요. 왜냐하면 저도 하체가 작고 앉은키가 크거든요. 내 키가 1미터 73센티미터인데 1미터 83센티미터 된 사람보다 앉은키는 더 커요.

박헌영, 이강국 체포령. 1946년 9월 박헌영, 이강국 등 조선공산당 간부에게 내려진 체포령을 알리는 신문기사. 이후 두사람은 월북한다.

전쟁의 시작과 노근리 학살의 진실

손 아버지와 앉은키가 닮았군요.(웃음) 이현상을 만난 대목으로 다시 가볼까요?

원경 이현상 아저씨가 묻는 대로 자초지종을 다 이야기했어요.

손 1950년 5월, 그러니까 전쟁이 터지기 한 달 남겨둔 시점에 이현상을 만난 거네요.

원경 그때 「부용산」이라는 노래를 거기서 처음 들어요. 기억이 남아 있거든요. 사람들이 부용산 노래[4]를 많이 불렀어요.

손 부용산 노래를 빨치산들이 즐겨 불렀다고 들었어요.

원경 박기동 선생이 노랫말을 짓고 안성현 선생이 곡을 쓴 노래입니다. 당시 벌교에 살던 박기동 선생의 여동생은 의식이 깨어 있던 분 같아요. 그래서 박기동 선생의 의식도 바꾸었는데 안타깝게 죽었어요. 박기동 선생이 동생 묘를 갔다 오다가 그 쓸쓸함을 담아 가사를 쓴 겁니다. 당시 박기동은 국어 교사이고 안성현은 음악 교사였는데, 이 두 분이 1947년에 해직됩니다. 한국 최초의 해직 교사인 거죠. 그때 안성현 선생이 지리산으로 들어옵니다. 그러면서 「부용산」이 지리산에서 불리기 시작한 겁니다. 서로의 입을 통해 이 사람, 저 사람에게 건너가고 나중에는 감옥에 있던 사람들까지 부르고 그랬어요. 사실 가사 내용은 별거 아니에요. 죽은 누이를 그리워하는 시였으니까요.

손 누이를 그리워하는 시를 노랫말로 해서 당시 지리산 빨치산들에게는 혁명을 위해 숨져간 동지들을 떠올리게 한 거군요. 사실 "솔밭 사이 사이로 회오리바람 타고/ 간다는 말 한마디 없이 너는 가고 말았구나"를 그렇게 들을 수 있거든요.

원경 그렇죠. 아무튼 그때 6·25사변이 터진 겁니다. 당시는 '전쟁'이라 하지 않고 '사변'이 터졌다고 했어요.

손 그럼 스님은 지리산에서 전쟁 터진 걸 안 거군요.

4 1947년 작사·작곡된 노래. 부용산은 전남 보성군 벌교읍 서쪽에 있는 해발 150미터의 나지막한 산이다. 전남 여수 돌산도 출신의 시인 박기동 씨가 1947년 스물넷의 나이에 폐결핵으로 세상을 떠난 누이동생(영애)을 부용산에 묻고 돌아오면서 슬픈 심경을 담아 쓴 시를 노랫말로 했다.
목포 항도여중 재직 시절에 동료 교사였던 음악 교사 안성현 씨(월북)가 이 시에 곡을 붙여 노래로 완성됐다. 작곡가가 월북하고 빨치산이 즐겨 불렀다는 이유로 금지곡이 되었다. 안치환이 다시 그 노래를 불렀고 지금은 부용산 중턱에 시비가 세워져 있다.
노랫말은 다음과 같다. "부용산 오리 길에 잔디만 푸르러 푸르러/ 솔밭 사이 사이로 회오리 바람 타고/ 간다는 말 한마디 없이 너는 가고 말았구나/ 피어나지 못한 채 병든 장미는 시들어지고/ 부용산 산봉우리에 하늘만 푸르러 푸르러."

원경 네. 그래서 다시 한산 스님하고 서울 쪽으로 올라왔어요. 지리산에서 김천을 거쳐 황간으로 해서 왔지요. 그래서 노근리 양민학살 사건[5]을 제가 목격했어요. 나중에 자세한 이야기를 한산 스님한테 들었습니다만 노근리에서 학살이 이뤄진 이유는 당시 미군 24단장 윌리엄 딘 소장과 관련이 있어요. 인민군에 밀려 미군이 퇴각할 때 대전에서 옥천·영동·황간으로 가는 길이 1번 국도인데 그쪽으로 가기 전에 금산으로 가는 길이 또 있거든요. 그런데 딘 사령관이 금산으로 잘못 들어서 덕유산 빨치산들에게 생포 당하잖아요. 그래서 미군이 보복을 하고 나선 겁니다. 피난 가지 않고 있던 사람들이 빨치산과 연관이 있다고 생각했던 것 같아요.

손 미군 사령관이 생포된 데 대한 의도적 보복이라는 말씀인가요?

원경 내 얘기가 정확한 거예요. 미군 측 누군가가 분통이 터져 그런 만행을 저지른 거 같아요. 아무튼 제가 그때 죽어 있는 사람들을 봤습니다.

손 한산 스님과 서울로 오다가 보았다는 거죠?

원경 네. 울고불고 맨 눈물바다였어요. 노근리 지나서 또 영동 근처의 무슨 동네였는데 사람들을 무더기로 손과 손을 묶어놨더라고요. 수갑도 아니고 포승줄도 아니었어요. 철사와 철사로 서로 묶어 죽였어요. 그게 아마 영동 용산일 겁니다, 그런 곳이 있다고 그래요.

손 네. 영동에 용산이라고 있습니다. 저의 집 선산이 영동 용산이거든요.

원경 그때 내가 들은 이야기는 당시 죽은 사람들이 보도연맹 소속이라는 거였어요. 강제로 전향시키고 풀어준 사람들을 다시 체포해서 죽여버린 겁니다.

손 정말 야만의 시대였지요. 그럼 용산을 거쳐 한산 스님과 서울로 온 건가요?

원경 나는 서울에는 못 들어갔어요. 과천에 머물렀어요.

손 한산 스님은 서울로 들어가시고요?

원경 저야 그분이 서울에 갔는지 안 갔는지 모르죠. 그런데 김소산이 찾아왔

5 한국전쟁 초기인 1950년 7월 26일 미군이 충북 영동 노근리의 굴다리가 있는 철로 위에서 주민 500여 명을 피난시켜 주겠다며 모아놓고 돌연 무스탕 전투기로 기총소사해 학살한 사건이다. 전투기의 기총소사를 피해 간신히 굴다리로 숨은 주민들도 현장에 있던 미군의 기관총 아래 집단 학살당했다.

어요. 제 누나죠. 한산 스님은 어렸을 때 제가 아저씨라고 불렀습니다. 그러다 나중에 스님이라 부르라 해서 스님이라 불렀고, 김소산도 그렇습니다. 제가 자꾸 아줌마라고 하니까 누나라고 부르라는 겁니다. 시집도 안 간 사람한테 아줌마라고 하면 안 돼, 하면서요. 그랬는데, 이 소산 누나가 나타났어요. 요즘 말로 하자면 부츠죠. 그 빨간 장화 신고 권총 차고 몇 사람 따라오고…….

손 인민군복 입고요?

원경 네. 군복 입고 지휘봉인지 채찍인지 그런 걸 들고 있었어요. 저를 보더니 너무 고생이 많다며, "내가 바쁘지 않으면 북으로 함께 올라가면 좋을 텐데……. 가만있어라, 좀 있으면 아버지가 내려오시니 그때 서울에서 보면 되지." 그렇게 말해주더라고요. 학자들은 한국전쟁 시기에 아버지가 서울에 왔다 하기도 하고 더러는 비밀리에 다녀갔다고도 하던데, 한산 스님 말씀은 절대로 서울에 내려오지 못했다고 합니다.

그리고 그 시기에 또 다른 기억이 있어요. 과천에서 어디론가 나왔는데, 이현상 선생을 비롯해 산의 아저씨들이 연이어 저를 향해 오는 겁니다.

지리산 사령관 이현상과의 만남

손 이현상이 지휘하고 있었나요?

원경 글쎄요. 하여튼 산에 있던 사람들이었어요. 사람들이 많았어요. 어떤 여자는 벌렁벌렁한 치마를 입고 있었던 기억이 납니다. 행색이 남루했지요. 그랬는데 며칠 안 되어서 다시 보니 달라졌어요. 전부 인민군복으로 갈아입었어요. 이전엔 무기가 없던 사람도 있었는데, 이번엔 전부 다 따발총을 메고 완전무장을 한 겁니다. 아무튼 저는 거기서 며칠 있다가 한산 스님과 북평으로 갑니다. 북평은 지금의 동해[6]입니다. 스님은 저를 삼화사[7]에 데려다 놓고 또 어

왼쪽: 1946년 2월 민전 결성대회에 참석한 이현상.
오른쪽: 1948년 강동정치학원에서 돌아와 '지리산'으로 들어가기 직전의 이현상.

6 동해시는 강원도 동해안에 자리하고 있다. 1980년 명주군 묵호읍과 삼척군 북평읍을 합쳐 시를 만들었다. 지금도 시의 동쪽에 묵호항과 북평항이 있다. 서쪽에 두타산(1,352m)과 무릉계곡이 있다.

7 삼화사는 강원도 동해시 두타산 북쪽 기슭에 있는 절이다. 신라 선덕여왕 때 창건(서기 642년)하고, 삼국 통일을 기리기 위하여 절 이름을 삼화사(三和寺:삼국이 화합하여 통일을 이뤘다는 뜻)로 고쳤다는 말이 전해온다. 조선시대 홍수와 화재로 여러 차례 다시 지었다. 1907년 의병(義兵)들이 숙박했다는 이유로 일본 제국주의 군대가 방화하여 대웅전·선당 등 200여 칸이 불탔다. 1979년 무릉계곡 위쪽으로 절을 옮겨 중건했다.

디론가 가셨어요. 그게 겨울이었어요. 왜 추울 때라고 기억하느냐 하면 삼화사 밑에 인민군복을 만드는 누나들이 있었어요. 말하자면 피복창이지요. 두타산 아래서 옷 만드는 누나들이 추운 겨울을 날 수 있도록 담요로 버선과 바지도 만들어 주었거든요. 누나들이 저를 귀여워하고 반갑게 맞아주었어요. 벙어리장갑도 만들어 주었고 모자에 토끼털을 박아서 주기도 했어요.

손 그럼 전쟁 시기에 계속 두타산 삼화사에 있었나요?

원경 아닙니다. 다시 또 충북 단양의 소백산자락까지 왔어요. 지금의 구인사[8]였어요. 한산 스님은 서울을 떠난 이현상 부대를 찾아다닌 것 같은데요. 거기서도 만나지 못했어요. 훗날 덕유산에서 만나지요. 지금 구인사 규모가 엄청나다고 하던데 그때는 초가삼간 하나밖에 없었습니다. 원각상월 스님이 그곳에서 살고 있었어요. 절 아래 마을 강가에 동굴이 하나 있는데 온달동굴이라 합니다. 그 옆에 보면 온달산성[9]이 있고요. 거기서 한 두어 달 있다가 보니까 한산 스님이 다시 와요. 왔다가 뭘 챙겨서 다시 나가고 그랬어요. 그때마다 스님이 숙제를 내줬어요. 숙제하다가 심심하면 마을로 뛰어 내려가 아이들과 놀고 그랬어요. 개떡이나 옥수수 삶은 거, 그런 걸 얻어 먹기도 했죠. 아이들과 바위 같은 것 뛰어넘는 놀이도 했어요. 그러면서 그동안 보고 들은 이야기를 자랑삼아 들려주었어요. 지금도 기억나는데, 그때 내가 아이들에게 순경은 나쁜 사람이다, 군인도 그렇다고 했었어요. 저에겐 순경은 무서운 사람이었거든요. 내가 좋아하던 아저씨들을 다 잡아가는 게 바로 순경들이었으니까요.

손 충분히 이해가 갑니다.

원경 한산 스님이 다시 왔을 때 상월 스님이 어린아이 데리고 다니지 말고, 나라가 편안해질 때까지 당신에게 맡겨 두라고 해요. 지금도 기억나는 데 "아이가 선생님 피를 물려받아서 그런지 머리가 괜찮소. 천자문[10]을 28일 만에 뗐소. 지금도 웬만한 한자를 읽을 수 있소." 하는 겁니다. 그래서 제가 숙제로

8 구인사는 충청북도 단양군 소백산 자락에 있는 절이다. 풍수설에서 말하는 연꽃 모양의 지형에 자리 잡은 이 절이 본격적으로 발전하기 시작한 것은 1966년 현대식 건물을 지으며 천태종이 총본산으로 삼으면서다. 1만 명을 동시에 수용할 수 있는 대규모 법당을 비롯해 외형으로 전국 최대 규모를 자랑한다.

9 온달산성은 충청북도 단양 남한강변의 성산(427m)에 반월형 석성으로 세운 산성이다. 고구려 온달 장군이 쌓았다는 기록이 있어 온달산성으로 불린다. 온달산성은 삼국시대 영토 확장 경쟁이 치열했던 현장으로 특히 한강을 차지하기 위해 고구려와 신라 사이에 치열한 전투가 오간 곳이다. 고구려 평원왕의 딸 평강공주와 온달의 풋풋한 사랑이 전해온다. 산성 아래에 천연기념물로 지정된 온달동굴과 더불어 온달관광지가 조성되어 있다.

10 천자문(千字文)은 말 그대로 1,000자로 된 한문 학습의 입문서다. 중국 양나라 주흥사가 지은 책으로 네 글자로 된 말 250개로 구성되어 있다. 자연현상으로부터 인륜 도덕에 이르는 지식을 담았고 국내에는 백제시대에 들어왔다고 알려져 있다.

외우라 한 천자문을 28일 만에 뗀 것을 알았어요. 그런데 한산 스님은 그 말을 듣지 않고 다시 저를 데리고 가더라고요. 왜? 제 생각에는 믿을 사람이 자기밖에 없다고 생각하신 거 아니었을까 싶어요. 아버지에 대한 의리, 혈육 사이의 운명도 있지만 자기만이 옳게 확실하게 아이를 지킬 수 있다고 생각했겠지요. 딴은 그럴 만합니다. 잘못해서 저를 잃어버리기라도 하면 어디서 찾겠어요. 한산 스님은 그렇게 생각한 것이고 상월 큰스님 같은 분은 아이가 싹틀 때 공부시키면 잘될 것 같고, 전쟁 중에 한산 스님 따라 다녀봤자 고생만 하고 '산사람' 물 들지도 모르고 하니까 잡아두려고 한 거였겠죠.

손 그럼 덕유산에도 한산 스님과 같이 갔고 거기서 이현상을 만난 거네요?

원경 그랬죠. 남덕유산 원통사에 들어서니까 산사람들이 굉장히 많았어요. 저쪽에서 몰려오는데 개중에 박격포를 둘러멘 사람도 있어요. 거기 이현상 아저씨가 있었습니다. 이현상 부대인 거죠. 그들을 따라 대원사 칠선계곡 쪽으로 해서 지리산에 들어갔습니다. 거기서 눈과 비와 바람을 이불 삼아 3년을 살았지요.

손 그럼 이현상 사령관과 함께 있었나요?

원경 네. 그런데 문제가 생깁니다. 제가 있는 동안 이현상 암살 사건이 두 번이나 일어났어요. 부대에서 수류탄이 터지기도 했습니다.

손 내부에서 일어난 일인가요?

원경 네. 이현상 사령관을 죽이러 북쪽에서 사람을 보냈어요.

손 아, 그랬어요?

원경 네. 그런데 엄청난 이야기라서, 안 하는 게 좋을 것 같아요.

손 아니죠. 하셔야죠. 진실을 남겨야 합니다.

원경 좋습니다. 그럼 말씀드리죠. 암살 사건이 이어지니까 회의가 열려요. 대책을 세우지요. 마침 부내 내에 이현상하고 똑같이 생긴 사람이 있었어요. 이걸 활용하자는 이야기가 나옵니다.

손 그랬군요. 빨치산 내부 이야기를 좀 더 해주시죠.

원경 이현상 부대는 여기저기 흩어져 있었습니다. 여기 한 무더기, 산 너머에 한 무더기, 그런 식이죠. 그러다 모여서 회의도 하고 갑자기 산을 뛰어다니며 이동도 하고 그랬죠. 물론 훈련도 했습니다. 제가 당시 열 살을 막 넘은 나이였는데요. 그때 아저씨들 따라다니며 몸이 단련된 것 같아요. 놓치면 큰일 난다는 생각에 죽자사자 붙어 다녔거든요. 산으로 오를 때도 끝까지 뛰었어요. 내려가면 내려가는 대로 그랬고요.

손 말하자면 스님은 열한 살의 어린 빨치산이었군요? (웃음) 구체적 활동은 없었나요?

원경 마을에 내려가 된장 좀 얻어오라 하는 식이죠. 어떨 때는 아저씨들과 마을 근처까지 내려가요. 그리곤 저더러 먼저 가서 마을 애들하고 놀고 있어라 해요. 그럼 가서 애들과 숨바꼭질도 하고 뛰어다니기도 하다가 신호를 보냅니다. 어떻게 보내느냐. 당시 '산사람'들은 옷 안에 쑥으로 만든 솜을 넣고 다녔습니다. 쑥을 말려서 비비면 솜 같은 것이 남아요. 그걸 옷자락 속에 넣고 다닌 거죠. 그래서 한때는 그것만 확인되더라도 빨치산으로 몰았어요. 아무튼 그걸 조금 꺼내서 돌과 돌 사이에 두고 탁탁 때리면 불이 붙습니다. 그러니까, 애들하고 놀다가 경찰이나 군인이 보인다 싶으면 나무 처마 밑이나 헛간 같은 데 숨어서 불을 붙여 멀리서 볼 수 있게 하는 겁니다. 여기에 경찰이나 군인이 와 있다는 표시입니다. 저한테 주어진 임무는 그거 하나밖에 없었어요. 재밌었지만, 절대 누구한테든 얘기해서도 안 되는 거였어요. 그러다 사람들이 뭐 하느냐고 물으면, 할머니 찾으러 나왔다고 답하고는 일단 빠져나오는 겁니다.

손 빨치산 투쟁에 참여한 거네요? (웃음)

원경 하여튼 그렇게 지냈는데, 하루는 이현상 선생이 한산 스님에게 저를 데리고 내려가라고 해요. "이런 식으로 아이를 데리고 다니다가는 죽습니다. 박헌영 선생을 생각해서라도 저 아이는 살립시다"라고 하더군요. 그때 한산 스님은 "그것도 옳은 말이지만, 동지가 이 아이와 함께 북쪽으로 넘어가야 한다"고 했습니다. 한산 스님은 "이젠 전쟁은 끝난 거요. 이런 데서 이런 식으로 힘을 소비할 것이 아니라, 곧 휴전이 될 텐데 그전에 당신이 올라가야만 우리에게도 통로가 생겨요"라고 했어요. 그러자 이현상 선생은 "난 여기서 동지들하고 같이 죽겠소. 절대 하산 안 하오. 저놈들이 날 죽이려고 사람을 여기까지 내려보낸 놈들인데 날 그냥 두겠소?" 하더군요. 이게 아주 무서운 말이에요. 김일성이, 그가 이끄는 정부가, 집단이 이현상 선생을 죽이려고 했던 겁니다.

4
박헌영은 김일성을 얕봤다

보천보 전투를 둘러싼 진실공방

 지리산 이현상이 월북을 권하는 한산 스님 말에 동의하지 않은 데는 실제로 그럴 만한 이유가 있었다. 두 사람이 그런 말을 주고받은 시점에 북에서는 이미 대대적인 남로당 숙청[1]이 벌어지고 있었다. 이현상으로선 지리산에서 북으로 올라가는 것은 죽음의 길로 들어서는 일이었다.

 더러는 이현상이 월북해 진실을 규명해야 옳고, 지리산 빨치산들의 귀환을 휴전협상에서 논의했어야 옳았다고 주장할지도 모르겠다. 하지만 그런 지적은 현실을 무시한 공론이다. 차분히 톺아보자. 조선로동당 공식서열 2위이자 부수상이었던 박헌영마저 '미제의 간첩'으로 몰리는 상황에서, 남로당에서 함께 활동했던 사람들이 줄줄이 사형선고를 받고 있는 상황에서, 이현상이 평양에 나타나 아무리 진실을 주장한들 어떤 일이 벌어질지는 불을 보듯 명확한 일 아닐까.

1 전쟁이 휴전으로 끝날 조짐을 보이면서 조선로동당 내부에선 전쟁을 일으킨 책임을 누군가 물어야 했다. 이미 1953년 초에 남로당 주요 간부들이 미제의 간첩으로 몰려 체포되면서 대대적인 숙청이 시작됐다. 남로당 숙청의 진실은 당시 조사를 담당했던 내무상의 부상 강상호(1909~2000)가 1993년 〈중앙일보〉에 기고한 회고록에 잘 나타나 있다. 소련 정부의 명령으로 북에 파견됐던 강상호는 박헌영을 비롯한 남로당계와 연안파 숙청의 악역을 맡았다. 하지만 반 소련파 분위기가 퍼져가자 1959년 소련으로 되돌아갔다. 당시 내무상 방학세는 소련 정보기관 KGB 출신으로 해방 후 소련군 대위 계급장을 달고 평양에 들어와 계속 정보 쪽에 있었다. 그는 일찍부터 김일성의 '특별 지시'에 따라 박헌영을 비롯한 남로당 인사들 동향을 수집·관리하는 정보총책임자였다. 방학세는 1953년 초 이승엽 등 남로당파 핵심 간부 12명을 검거하기 전 김일성 수상의 최종 재가를 얻기 위해 면담을 했다. 그 자리엔 박정애·박창옥 등 수상 직계 라인 간부들이 배석했다.

"방 동무, 사업은 차질 없이 진행되고 있소?"

"예, 수상 동지. 그런데 사업 진행 순서에 차질이 있습니다."

"무슨 소리야. 잘 돼간다고 했지 않아."

"우선 이승엽 등 핵심 참모들을 잡아놓고……."

"쓸데없는 소리 말고 종파주의 두목 '이론가'부터 때려잡으시오." (…)

하지만 김일성의 지시대로 곧바로 박헌영을 검거하지는 못했다. 무엇보다 박헌영에 대한 범죄(숙청)의 구성 요건이 갖추어지지 않았기 때문이다. 김일성의 불 같은 성미를 잘 알고 있는 터여서 한참 동안 말문을 열지 않던 방학세가 "두목의 손과 발을 모두 잘라내 후 착수해도 늦지 않습니다"며 조심스럽게 수상을 설득했다(《중앙일보》 1993년 5월 24일자). 강상호는 또 남로당파 소속 당·정의 고위간부들과 월북 예술인들 조사가 거의 마무리 돼가던 1953년 8월부터 남로당파 소속

손 지리산에서 이현상이 월북을 놓고 고심하고 있을 때, 이미 남로당 숙청이 대대적으로 벌어지고 있었죠?

원경 더구나 이현상 선생이 김일성의 보천보 전투를 부정했잖습니까? 그러니 그쪽에서 호의적일 리가 없죠.

손 그 이야기는 처음 듣는데요?

원경 김일성의 항일운동 모두가 가짜라는 게 아닙니다, 이현상이 가짜라고 한 것은 보천보 전투입니다. 이현상 선생은 1947년에 모스크바 육군대학에 들어가게끔 되어 있었어요. 그래서 북쪽으로 와서 평양에 들어와 있던 소련파들에게 러시아 말을 배웁니다. 그러던 어느 날 남과 북의 주요 인사들이 참석한 주연이 벌어졌어요. 이 자리에는 최현, 이상조도 있었어요. 서로 이야기를 나누며 "이현상 선생은 왜정 때도, 해방 전에도 지리산에서 빨치산 투쟁을 하셔서 훌륭하다." 그렇게 '소쿠리 비행기'도 태우던 중에 조선의 영도자 이야기가 나왔어요. 민감한 문제가 나온 거죠. 그때 이현상 선생이 여러 이야기할 거 없다면서 박헌영 선생이 있지 않으냐고 했어요. 그 시점에 아버지는 북으로 갔다고는 하지만 평양이 아니라 해주에서 살고 계셨어요.

손 남쪽의 혁명 운동을 지도하고 있었죠?

원경 네. 이현상 선생이 그렇게 말했더니 북쪽 인사들이 "무슨 소리냐. 우리 김일성 장군 있질 않으냐?"고 주장했죠. 이현상 선생이 그때 "다들 좋다. 그렇지만 우리가 통일된 새로운 조국을 건국하는 데 있어서 국내에서 활동한 투사가 우선 아니냐? 김일성 장군이야 그 많은 업적이 있지만 중국공산당에 소속되어 일을 했는데 지금은 시기상조 아니냐"라고 했던 거죠. 그러자 북쪽 인사들은 "무슨 소리냐? 김일성 장군의 보천보 전투[2]가 있는데"라고 응수했거든요. 그 순간 이현상 선생이 "언제까지 그 카드 써먹을래?" 했어요. 상대가 그게 무슨 소리냐고 하니까, 이현상 선생은 그건 잘못된 것 아니냐, 언제 김일성 장군이 보천보를 갔었느냐고 한 겁니다.

손 그 대목은 지금까지 알려진 사실과는 조금 다른 데가 있는데요. 이현상이 그 자리에서 보천보 전투를 가짜라고 했나요?³

원경 보천보를 일으킨 사람은 정확하게 김창희 장군입니다. 김창희는 홍범도 장군하고도 같이 있었고, 또 김좌진 장군하고 청산리 전투까지 한 사람입니다. 홍범도 장군하고 김좌진 장군이 동만주로 나갈 때 김창희는 백두산과 오봉산 일대에 남았어요. 남아서 뭘 했느냐면, 부잣집에 가서 식량을 강제로 가져오기도 하고 사냥도 하고 그랬죠. 어떤 때는 비적 생활을 했어요. 여기에서 왜 이 이야기를 하냐면, 나 아니면 할 사람이 없기 때문입니다. 아는 사람도 별로 없고 있다 해도 이미 다 죽었거든요.

박헌영이 함구령을 내린 까닭

원경 보천보 전투가 뭐냐 하면 이래요. 함경남도 갑산군 보천보에 사는 마을 사람들 대부분이 백두산 일대에서 나무를 벌목하면서 살았어요. 그리고 벌목한 나무를 뗏목에 싣고 압록강을 통해 신의주까지 운반했어요. 이곳에서 뗏목을 만들어서 나무를 싣고 가는데 그 나무 위에서 밥도 해 먹고 그러면서 고생을 많이 했지요. 그런데 보천보에 주재소가 있었어요. 요새 말로 하면 파출소예요. 그곳 주재소에 있는 순경들이 상납을 받으려고 나무 운반을 제대로 못 하게 괴롭혔답니다. 그러면 그곳에 사는 사람들의 생존권이 위협받는데도 일본 순경들이 그러는 겁니다. 당시 마을 사람들이 돈을 모아 항일운동하시는 분들에게 주고 그랬어요. 그래서 자신들의 억울함을 항일운동하는 박달 선생과 박금철 선생에게 하소연했는데요. 박달과 박금철 선생이 바로 김창희 부대를 동원한 겁니다. 그래서 김창희가 와서 주재소를 습격했어요. 보

1948년 8월 남조선인민대표자대회(해주대회)의 풍경들. 박헌영(아래 화살표)은 이 대회에서 남로당을 대표해 개회 선언을 하고 '남조선인민대표자대회 대표선거 총결'에 대해 보고했다. 해주대회는 조선민주주의인민공화국 건국을 앞두고 최고인민회의 남조선 대의원을 뽑는 것을 목표로 하는 대회였다.

3 지금까지 나온 자료에 따르면 이현상이 남과 북의 고위인사들과 술자리를 가진 것은 사실이다. 그런데 그 술자리에서 나눈 이야기는 차이가 있다. 조선혁명의 최고 영도자를 놓고 술자리에서 논쟁이 벌어졌고 이현상이 김일성은 중국공산당 소속이었다고 비판한 대목만 알려져 있다.

통 보천보 전투라 하면 몇백, 몇천 명이 싸운 걸로 아는데, 그게 아니라 순경 다섯 사람인가 여섯 사람 있었거든요. 그런데 세 사람인가를 겁준다고 하다가 죽였어요. 그런 뒤에 부대원들이 시가를 행진할 때 우리는 김일성 부대라고 했거든요. 김창희는 어디 가서 뭔 일을 할 때 항상 자기를 '김일성'이라고 그랬어요.

손 김창희가 자신을 김일성이라고 했다는 거죠?

원경 부잣집을 털어 마을 사람들에게 나누어줄 때도 자기가 김일성이라고 했어요. 추적을 피하기 위해서입니다. 지금도 누가 큰 사건을 일으키면 수사력이 총동원되잖아요. 계속해서 피해를 주는데 일본이 가만히 있을 수 없지요. 게다가 보천보의 경우 국내에서, 그것도 순사가 세 명이나 죽었고 게다가 부상당한 사람도 있잖아요. 그쪽 입장에서 보면 이건 엄청난 도전이거든요. 그러니까 끝까지 추적한 겁니다. 그런데 여기에서 한 가지를 분명히 알아야 해요. 일본이 이 사건의 뿌리를 조사하다 보니 배후가 박달과 박금철로 드러나요. 그래서 박달은 공식 재판을 통해 사형을 언도받고 박금철은 무기징역 형을 받아요. 이건 사실입니다.

손 박달과 박금철은 보천보 전투를 도운 걸로 알려져 있습니다.

원경 네, 그렇죠. 여기서 해방 후 이야기를 마저 짚을 필요가 있어요. 해방 후 '김일성 장군 환영 대회'가 있었다고 하는데 그런 건 없었습니다. '소련군 환영 대회'입니다. 김일성 장군 환영 대회가 아니었어요. 어쨌든 해방 후에 박달은 김일성이 살아 돌아왔다는 사실을 알게 됩니다. 박달은 사형을 언도받고 서울 서대문 형무소에서 얼마나 고문을 받았는지 앉은뱅이가 되어버렸어요. 혼자는 움직이지도 못하고 겨우 기어다니던 사람이거든요. 그래서 누가 업어주거나 들것에 실려서만 움직였어요. 업히는 것도 힘들다고 했어요. 허리가 끊어지는 것 같다고 고통을 호소하니까 두 사람이든 네 사람이든 들것으

박수를 치고 있는 해주대회 주석단. 왼쪽부터 백남운, 허헌, 박헌영, 홍명희.

로 옮겼지요. 그런 상황에서 박달은 평양에 김일성 장군이 나타났다는 게 그렇게 반가울 수가 없었던 겁니다. 그래서 평양으로 가요. 그런데 말입니다. 그렇게 어렵게 평양으로 간 박달이 다시 서울로 내려와요. 그리고 아버지를 찾아옵니다. 그러면서 지금 평양에 있는 김일성은 자기가 아는 그 김일성 장군이 아니라고 해요. 아마도 김창희를 생각했던 거겠지요. 그때 아버지께서 한 말이 있어요. 이름이 중요한 게 아니라는 거예요. "그 양반(평양의 김일성)은 중국공산당에서 빨치산 투쟁을 열렬히 한 사람이오. 이름은 나도 여러 개 있소. 박헌영만 있는 게 아니오. 나도 중국 이름이 있고 그렇소"라고 해요. 아마도 아버지가 보천보라는 걸 그렇게 대단하게 생각을 안 하신 것 같아요. 박달이 자기는 그 사건으로 감옥 가서 사형언도까지 받았다며, 지금 평양에 있는 김일성이 보천보 사건의 김일성이 아니라고 계속 주장하니까 아버지가 "그거 함구하시오." 했답니다. 더는 말하지 못하게 시킨 거예요.[4]

손 박달이 계속 김일성이 가짜라고 주장했는데 박헌영이 함구령을 내렸다는 거죠?

원경 박달에게 김일성은 김창희였던 겁니다. 그뿐이 아닙니다. 박달과 함께 배후로 체포된 박금철도 김일성에 대해 다른 말을 합니다. 박금철은 감옥에서 정태식을 만납니다. 정태식은 저희 외가 쪽 사람으로 어머님의 오촌 당숙이 되는 분입니다. 이 정태식 선생이 어머님을 박헌영 선생과 연결해주었거든요. 도피 중인 박헌영 선생을 돕고자 어머님을 파견한 셈이지요. 그 사이에서 태어난 게 저입니다. (웃음)

손 어머니와 박헌영 선생 사이의 '로맨스'가 결실을 맺은 거죠. (웃음)

원경 아무튼 박금철이 자기 지역을 떠나 서울에 있으니 대접해주는 사람도 없고 숙소와 밥 한 끼가 그리워 정태식을 찾아갑니다. 정태식이 당시 〈해방일보〉 사장 아닙니까?

해주대회 주석단석의 허헌, 박헌영, 홍명희. (왼쪽부터)

4 박달(1910~1960)은 함경북도 길주 출신의 사회주의 운동가다. 1932년에 갑산에서 야학을 운영하며 문화운동을 벌였다. 1937년 보천보 전투가 일어날 때 일본군 주둔 상태를 탐지해서, 통신선을 절단하고 보급물자를 운반했다. 이후 1938년까지 갑산군 여러 곳에서 항일애국단체 결성을 주도하던 중에 변절한 사람의 밀고로 체포됐다. 1941년 8월 사형선고를 받고 서대문형무소에서 해방을 맞았다.

그런데 이 대목부터 원경 스님의 증언과 맥락이 달라진다. 박달은 북에 정착해서 회상기 『조국은 생명보다 귀하다』와 『서광』을 집필했다. 이 작품에서 김일성이 조국광복회를 결성한 주인공이라고 밝힘으로써 김일성으로부터 특별한 배려를 받았다고 전해진다. 1960년 4월에 병으로 사망한 뒤 1964년 고향에 그의 동상이 세워졌다.

손 주필이었던 걸로 알고 있습니다.

원경 그렇군요. 어쨌든 아까 감옥에서 두 사람이 만났다고 했잖습니까? 나중에 박금철이 다시 신문사로 정태식을 찾아갔을 때 나눈 대화가 있어요. 박금철에게 정태식이 "지금 평양에 김일성 장군이 오셨는데 우리가 그분에 대해 정보를 전혀 갖고 있지 않다"며 이야기해달라고 합니다.[5] 그러자 박금철은 "나보다 나이가 열 살 정도 더 먹었을 거요"라며 "김일성이 한때 홍범도 장군하고도 있었고 김좌진 장군하고도 있었는데, 이분들이 북만주를 떠나갈 때 자기는 백두산과 오봉산 일대에서 할 일이 따로 있다고 남아서 비적 활동을 했던 사람"이라고 했거든요. 의적도 아니고 독립운동도 아니고 '비적'이라고 표현했답니다. 박금철은 보천보 전투를 설명하면서는 "우리가 그 사람한테 청부를 맡겼던 거였고, 그때 이 사람들이 와서 주재소 순경 세 사람인가를 죽였는데 우리가 그 사건의 배후라는 죄명으로 감옥에 있다"고 말합니다. 그러면서 지금 김일성이 나타났다는 게 의문이라며 김일성이 죽었다는 얘기를 들었다고 해요. 일본군이 지린성 근처에서 김일성 부대를 포착하고 사방에서 협공해 사살했다는 거죠. 그때 김일성 장군은 총상을 입고 산을 넘어갔는데 시신은 발견 못 했다고, 자기가 아는 것은 그게 전부라고 박금철은 증언했어요.[6]

손 그런가요?

원경 스님이 김일성을 보는 눈

원경 김일성의 실체에 대한 의구심을 보여주는 증언은 더 있어요. 역사적으로 알려졌다시피 무정 장군이 단동에서 무장 해제를 당하거든요. 해방 후 북쪽 지역은 김일성 부대가 장악해서 관리하고 있었어요. 그런 상황에서 무정 장군 부대가 무기를 가지고 들어가면 마찰이 생길 수 있으니, 전부 무장 해제시

5 비슷한 증언은 남로당 기관지 〈해방일보〉의 정치부 기자였던 박갑동의 회고록에도 나온다. "우리는 서울의 각 신문사가 평양에 파견하는 기자들에게 각종 편의와 지원을 해주고 각 방향에서 소위 '김일성 장군'이라 자칭하는 김성주의 사진을 많이 찍어 오도록 부탁했다. 그들이 찍어온 사진이 100장을 넘었다. 이 사진을 박달과 박금철에게 보였다. (…) 10월 14일 평양운동장에 나타났던 자칭 '김일성 장군'이라는 자의 사진을 박달과 박금철에게 갖다 보이니 두 사람은 펄쩍 뛰며 전혀 다른 사람이며 나이도 전혀 틀린다고 했다. (…) 두 사람은 평양에 도착하여 곧 김일성이라 자칭하는 자에게 면회를 신청했으나 분리당하여 각각 감금당하고 만다. 그들이 평양에 도착한 것이 11월인데 해가 바뀌고 다음해 1월 말에야 그들은 김일성이란 자에게 호출당했다. 그들이 면회실에 들어가자마자 보천보를 습격한 김일성보다 열 살이나 젊어 보이며 키가 커 보이는 젊은 자가 '이 새끼! 전향하여 왜놈들한테 잘 얻어먹어 살이 쪘구나. 변절한 놈들은 보기도 싫어! 빨리 싹 없어져!'라고 호통을 치는 문을 열고 나가버렸다. 박금철은 앉은뱅이 박달을 평양에 남기고 혼자 강계로 떠나면서 서울의 박헌영에게 자칭 김일성에 대한 보고서를 보내왔다. 박헌영이 박금철의 보고를 권오직(당시 〈해방일보〉 사장)과 조두원에게 이야기했기 때문에 나도 듣게 된 것이다." (박갑동, 「통곡의 언덕」, 1991, 137~138쪽).

6 박달이 그렇듯이 박금철의 이 증언 또한 원경 스님이 직접 들은 게 아닌 간접 증언이기에 사실 확인은 어렵다. 이 증언이 사실이라면 박헌영을 찾아온 이후 박금철(朴金喆 1911~?)의 행적은 흥미롭다. 함경남도 갑산 출신의 사회주의 운동가인 그는 무기징역을 선고받고 복역 중에 해방을 맞았으며, 출옥 뒤 조국광복회 사건으로 구속된 사람들을 기반으로 '갑산파'를 형성했다. 북으로 돌아간 그는 김일성을 최고 지도자로 옹립하는 데 크게 기여하고 남로당 숙청에도 앞장섰다. 박헌영과 남로당이 당에서 축출된 1953년 8월 제6차 전원회의에서 당 중앙위원회 상무위원이 되고 이후 당 중앙위원회 부위원장으로 올라갔다.
하지만 1967년 김일성 유일사상을 위배했다는 명목으로 갑산파와 함께 숙청당한다. 당시 박금철과 갑산파는 "혁명전통 교양을 방해하였고, 당 안에 부르주아사상·수정주의사상·봉건유교사상·교조주의·사대주의·종파주의·지방주의·가족주의와 같은 온갖 반혁명적 사상을 퍼뜨려 당과 인민을 사상적으로 무장 해제시키려고 책동했다"는 비판을 받았다. 구체적으로 거론된 죄상도 눈길을 끈다. 박금철이 당 간부들에게 정약용의 『목민심서』를 필독 문헌으로 읽게 했다거나, 그가 항일 활동을 했던 갑산에 생가를 보존했다거나, '일편단심'이라는 연극으로 무기징역 시절 자기 아내의 수절을 형상화했다는 비판들이 그것이다.
요컨대 박금철은 김정일이 주도한 김일성 유일사상화 단계에서 그에 적극적이지 않아 숙청된 셈이다. 숙청 이후 그의 행적은 알려지지 않았다.

키라고 소련군 사령부에서 명령한 거예요. 그때 무정 장군의 보좌관이 한 이 야기가 있어요. 자기가 지린성에서 중국 공산당 김성주 부대에 배치되어 있었을 때, 보천보 사건을 일으켰다는 김일성이라는 사람이 총상을 입은 걸 자기가 구해줬다는 겁니다. 구해서 김성주 의무대에 보내 치료를 받게끔 했는데 나중에 이 사람이 죽었다는 이야기를 들었답니다. 그런데 그다음부터 김성주가 김일성이라는 이름을 쓰기 시작했다는 겁니다. 실제로 김일성의 회고록에도 자기가 지린성에서부터 김일성이라는 이름을 썼다고 나와요. 그런데 그 보좌관이 무정 장군에게 말하기를, 그때 김성주가 김일성 장군을 죽게 방치한 것 같다는 겁니다. 하지만 나는 정말 그렇게까지 했는지는 모르겠어요. 아무튼 그런 내용의 말을 전해준 사람이 있어요. 공산주의자 김형선의 누이동생 김명시[7]입니다. 김명시는 경성콤그룹 멤버입니다. 김명시가 무정 장군한테 그 이야기를 듣고, 아버지에게 찾아와서 전했을 때 아버지가 또 함구를 시켰어요.

손 스님은 그런 이야기들을 어떻게 알고 계신가요? 독자들을 위해서도 스님이 그렇게 주장하는 근거가 필요할 것 같아요. 지금까지 말씀하신 내용은, 만약 그게 사실이라면 학계는 물론 우리 현대사에 엄청난 충격을 주는 이야기이거든요. 이현상이 보천보 전투를 벌인 김일성이 가짜라는 이야기를 했다는 말부터 짚어보죠. 그 이야기를 어디서 들으신 거죠?

원경 이현상 선생이 직접 이야기했다는 걸 한산 스님을 통해서 들었습니다. 그 내용이 적힌 책자도 있다는 얘길 들었고요. 사람들이 내가 이런 이야기를 하면 그땐 어려서 착각하는 거 아니냐고 하는데 그렇지 않아요. 20대 이후에도, 한산 스님으로부터 이 이야기를 확실하게 몇 번이나 들었거든요.

손 한산 스님과 20대 때에도 만나셨어요?

원경 1968년까지 제주도에서 같이 살았어요.

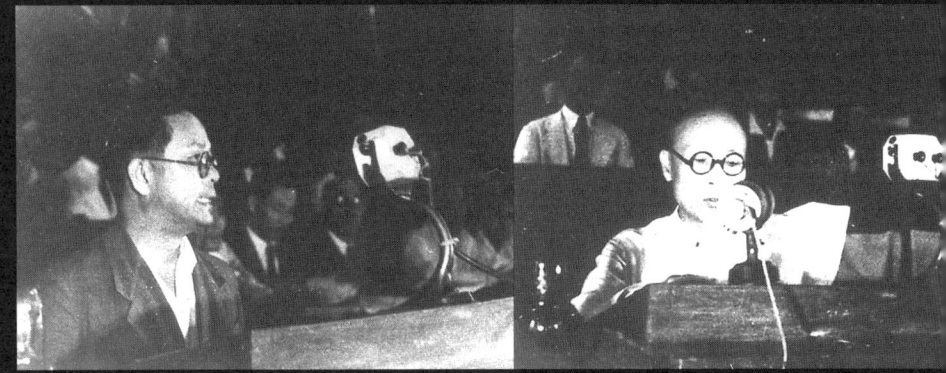

해주대회에서 축사를 낭독하는 박헌영(왼쪽)과 김두봉

7 김명시는 해방정국에서 무정과 더불어 '김명시 장군'으로 불린 여성이다. 1907년 경남 마산에서 태어나 1924년 서울 배화여고를 중퇴했다. 1925년 7월 고려공산청년회(책임비서 박헌영)에 들어가 활동하던 중에 모스크바 동방노력자공산대학 유학생으로 뽑혔다. 귀국한 뒤 오빠 김형선과 함께 경인지역을 중심으로 민중운동을 조직했다. 당시 인천에서는 김삼룡이 부두노동자로 일하며 적색노동조합을 엮고 있었다. 이어 중국으로 넘어가 무정 장군과 함께 무장투쟁에 나섰다. 해방 뒤에 서울 종로에서 '김명시 장군'은 무정 장군과 더불어 말을 타고 행진하며 군중의 환호를 받았다. 1945년 12월 조선부녀총동맹 선전부에서 일하며 조선국군준비대 전국대표자대회에서 축사를 했다. 1946년 2월 민주주의민족전선 중앙위원, 4월 민전 서울지부 의장단으로 뽑혔다. 그런데 그해 12월 남조선민주여성동맹 선전부장을 끝으로 사라진다. 어떤 기록에도 나타나지 않는다.

손 그러셨어요? 20대 시절의 이야기는 조금 뒤에 나누고, 하시던 말씀 마저 들어보죠.

원경 그러니까 아버지는 보천보 전투를 우습게 생각한 겁니다. 국가 건설사업이 먼저라고 판단한 거죠. 그게 아버지의 단점이라고 저는 생각해요. 김일성이 나이가 열두 살 아래니까 애송이 취급한 게 아닐까 싶어요. 그래도 정통성이라는 게 있는데 소련이 대국가인 만큼 원칙이 있을 것으로 생각한 겁니다. 그런 배경에서 보천보 사건을 얕본 것 같아요. 소련 역시 어느 선까지는 인정하고 어느 선까지는 인정하지 않으면서 언젠가는 정리하지 않겠느냐고 본 거죠. 그런데 이런 것은 정치를 모르는 이야기거든요. 그냥 혁명정신과 투쟁정신으로만 정통성을 잇는 것은 아닌데 이 샌님 같은 양반이 그렇게 생각하셨던 것 같아요. 아무튼 그래서 많은 사람들에게 김일성에 대한 발언을 함구시켰어요. 그런데 이현상 선생의 입에서 보천보 이야기가 또 나온 겁니다. 술자리에서 북쪽 사람들 앞에 놓고 너희들 언제까지 거짓말할래, 하니까 어떻게 되었겠어요. 술상이 날아가고 멱살 잡고 치고받고, 격해지다 서로 총까지 뽑을 만큼 큰 싸움이 벌어져요. 이현상도 성깔이 보통 아닌 사람이거든요. 최현[8]을 가리키며 "너! 오른팔 아니냐. 그럼 김일성이하고 보천보 갔다고 가정하자. 같이 간 놈이 있을 거 아니냐. 나와 봐라. 혼자 간 게 아니라면 구체적인 무용담이 있을 거 아니냐." 이러면서 싸움이 붙은 거예요. 그 와중에도 아무 대꾸가 없었다고 해요. 그래서 "같이 간 사람이 나와서 무용담을 이야기하라 이거야. 혼자 갔냐? 누구하고 갔냐? 증인이 나오란 말이야!"라고 고래고래 소리쳤답니다.

손 당시 그 자리에 이상조도 있었다고 하셨는데, 그분을 러시아에서 만나셨죠? 이상조는 스님의 주장에 대해 뭐라고 하던가요?

원경 함구를 하더라고요. 다만 다른 분들로부터 관련 자료가 러시아에 있다는

1991년 모스크바를 방문한 원경은 강동정치학원 초대 원장이었던 박병률을 만났다.

8 최현(1907~1982.4)은 1907년 함경남도 혜산군 출생으로, 1924년 항일운동을 시작해 고려공산청년회에 가입했다. 1936년 동북항일연군 제1단장이 되어 이듬해 6월 보천보 전투에 참가했다. 1939년 일본군은 그에게 현상금 1만 엔을 걸어 수배했다. 1940년 1월 일본의 추격을 피해 러시아 블라디보스토크로 넘어가 1941년 러시아 군관학교를 졸업하고 1945년 9월 김일성과 함께 귀국했다. 1967년 공화국영웅 칭호를 받고 1972년부터 1976년까지 인민무력부장을 지냈다. 1980년 조선노동당 중앙위원·정치위원·군사위원으로 활동하던 중 1982년 4월 사망했다. 그의 아들 최룡해는 2013년 3월 현재 조선인민군 총정치국장으로 '김정은 체제'의 핵심이다.

얘기는 들었어요. 100여 명의 조선 혁명가 파일이 KGB와 대통령궁 문서보관소에 각각 보관되어 있는데 그중에 김일성에 대한 것도 있다는 겁니다. 언젠가 우리나라 학자들이 그 파일을 볼 수 있게 되면 '김일성 가짜설'의 진위가 밝혀지겠지요. 파일 얘기는 1991년에 모스크바에 누나를 만나러 갔을 때 그쪽 분들한테 들었어요. 이 이야기는 녹음까지 되어 있습니다.

손 이상조는 당시 스님의 질문에 답변을 아예 안 했나요?

원경 네. 맞다고도 틀리다고도 안 해요. 하지만 그날 이후 김일성 장군이 가짜라는 이야기가 평양에 퍼졌습니다. 당시 이현상은 "김일성은 가짜야, 이 자식들아. 김성주가 어떻게 해서 김일성이야? 보천보에 언제 누가 와서 했어? 그냥 내가 지어낸 말이냐? 당장 박달하고 박금철 데리고 와봐. 그 사건으로 사형언도 받고 무기(無期)를 받았던 사람들이야. 보천보의 주역인 그들이 한 말이라고! 내가 지어낸 말이 아니야!"라고 했어요. 파문이 컸죠.

손 만약 그게 진실이라면 그때만이 아니라 지금도 파장이 엄청난 거죠. 하지만 과연 그럴까요?

원경 손선생님이 믿든 안믿든 나는 그렇게 들었어요. 아무튼 그때 아버지가 급히 해주에서 평양으로 올라오셨어요. 김일성과 담판을 한 겁니다. 아버지가 "나도 오래전부터 이 이야기를 한두 번 들은 게 아니다. 박달한테 들었고 우리 〈해방일보〉 식구들이 박금철과 나눴던 이야길 내가 보고받은 적도 있고 김명시 장군이 무정 장군을 통해 들은 이야기를 내가 들은 적이 있다. 그렇지만 난 함구시켰다. 술 먹고 한 소리를 뭘 그리 중요시하느냐. 중요한 것은 우리 조국 건설, 사회주의 건설을 완수하는 것이다. 그게 우리의 목적 아니냐"라며, 하여튼 타협을 시도한 거예요. "화 푸쇼. 화 푸쇼"라고 했답니다. 그때 김일성이 조건을 내세웠어요. "이현상이 모스크바 육군대학에 가서 뭔 소리 할지 모르니까 소련에는 못 가게 하시오"라고 해서 "좋소"라 했고, 그러자 김일성이 "앞으로 정치 일선에 이름 석 자 절대 못 나오게 하시오"라고 했답니다. 정치 일선에서 영원히 매장시키는 일인데 아버지가 그것도 "좋다"고 대답한 거예요. 3일 후에 다시 조건이 하나 더 붙었어요. "그냥 놔둬서는 안 되겠소. 감금시킵시다. 연금시킵시다." 김일성이 그러길래 아버지가 "그러면 어떤 식으로 연금할까요?" 물었더니 "정신교육을 시켜야겠소"라고 하더랍니다. 그렇게 해서 생긴 게 강동정치학원입니다. 아버지가 "그러면 원장을 누굴 세울까요? 중도파라 하지만 그래도 당신 쪽과 가까운 박병률을 세웁시다"라고 제안해서 박병률이 강동정치학원 초대 원장이 되는 거예요. 그래서 이현상 선생은 강동정치학원 1기생이 되었습니다. 아버지는 6개월 후 이현상을 불러서 "동지! 옛 고장에 가서 산사람이 되시오. 지리산으로 들어가시오. 들어가서 조국건설 사업에 필요한 인재를 양성하는 데 힘을 써주세요. 우리 이 싸움이 하루 이틀 걸릴 일이 아니니 장기전을 도모합시다. 지리산에서 인재들을 기르시오. 쓸 만한 사람을 길러서 훗날을 대처합시다"라고 했어요. 그래서 이현상 부대가 지리산에 형성되는 겁니다. 마침 1948년에 여순사건이 터졌어요. 여자만(汝自灣)이 피바다가 될 만큼 많은 사람이 죽었죠. 살아남은 사람들이 지리산으로 몰렸습니다. 이걸 그냥 두고 볼 수 없었던 이현상 선생이 지리산에서 반격을 시작한 겁니다. 이현상과 김일성의 관계가 이러한데, 아까 말씀드렸듯이 한산 스님이 이현상에게 북으로 가라고 할 때 그럴 수 있었겠습니까?

5
어느 날 다가온 아버지의 처형 소식

'이현상 아저씨'의 부탁

　이현상이 김일성의 측근들과 조선의 최고 영도자 자리를 놓고 심하게 다툰 것은 틀림없는 사실이다. 다만, 이현상이 김일성의 보천보 전투까지 부정했다는 원경 스님의 증언은 현재 학계의 연구 결과와는 배치된다. 이현상으로부터 직접 그 말을 들은 김제숙이 원경 스님에게 전했다고 하는데, 증언이 그 자체로 실체적 진실을 담보하는 것은 아니기 때문에 독자들도 신중한 판단이 필요하다. 증언은 객관적 자료로 뒷받침될 때 최종 확증된다. 『이정 박헌영 전집』 발간에 깊숙이 참여했고 자료 수집을 위해 모스크바에서 2년 넘게 머물렀던 임경석 교수는 보천보 전투를 지휘한 인물이 북의 김일성이 아니라는 주장은 근거가 없다고 잘라 말했다.

　나 또한 보천보 전투까지 김일성이 조작했다고 판단하지는 않고 있다. 다만 보천보 전투를 실체 이상으로 과장하고 국내 공산주의 운동은 모두 종파주의에 물들었다고 서술하는 조선로동당의 공식 논리에는 결코 동의할 수 없다. 그럼에도 원경 스님의 간접증언을 이 책에 고스란히 담은 이유는 그 또한 '구술자료' 가운데 하나로 기록해둘 필요가 있기 때문이다. 칠순이 넘은 원경 스님 스스로 그 이야기를 더는 할 사람이 없다고 누차 강조했다.

명토박아 두거니와 이 책은 보천보 전투에 김일성 참여 진위 문제를 다루는 데 목적이 있지 않다. 그와 별개로 우리가 주목해야 할 사실, 김일성의 박헌영 처형과 남로당 숙청이 과도하고 부도덕한 일이었다는 진실을 동시대인과 소통하는 데 목적이 있다.

일제 강점기에 살인적인 고문을 이겨내며 혁명 운동에 나선 사람들을 '간첩'으로 몰아 죽인 사실은 아무리 한국전쟁의 참화에 누군가 책임을 져야 할 상황이었다고 하지만, 사회주의자로서 금도를 벗어난 야만이었다. 그 과정에서 끔찍한 고문이 자행됐다는 증언[1]은 과연 그들이 진정으로 사회주의 혁명에 헌신한 사람들이었는가를 회의하게 해준다. 그래서다. 치열한 전투가 벌어지고 있던 지리산까지 사령관 이현상을 암살하기 위해 사람을 보냈다는 원경 스님의 증언을 더 캐물었다.

손 아까 북에서 사람을 보내 이현상을 죽이려 했다고 하셨는데, 조금 더 자세히 말씀해주시죠.

원경 내 눈으로 본 것은 아니지만 두 번이나 암살 사건이 터졌다는 이야기는 분명히 들었어요. 실제로 이현상은 막사를 많이 옮겨 다녔습니다. 아무튼 한산 스님과 이현상 선생, 두 양반 대화에서 끝까지 이현상 아저씨는 "내가 간다고 해서 저놈들이 살려줄 사람도 아니니 당신은 저 아이를 데리고 내려가시오"라고 말하는 걸 내가 생생하게 들었어요. 이러한 증언을 해줄 사람 한 분이 아직 살아계시는데, '산상의 여인'이라고 불린 이현상의 여인이 있었어요. 경상도 어딘가 사신다고 그래요. 지금은 아주 나이도 많이 되셨겠지

1 박헌영이 수사받는 과정을 목격한 강상호는 다음과 같이 증언했다. "텁수룩한 수염, 핏기없는 얼굴 등 몰골이 말이 아니었고 며칠째 잠을 제대로 자지 못한 듯 흘늘거려 부수상 시절의 꿋꿋한 자세는 전혀 찾아볼 수 없었다. 그러나 주광무에게 고정시킨 눈동자만은 마치 포효하는 사자의 눈동자처럼 살아 있었다. 며칠째 계속됐던 산골 외딴집 조사현장을 직접 목격하지는 못했지만 어떤 상태에서 조사를 받았는지 충분히 짐작할 수 있는 제2의 현장이었다. 나는 남로당 간부들이 외곽에서 조사를 받을 때마다 평양시내 각 보안서(경찰서)에서 '특수기술자들'이 차출돼 방조(협조)하고 있음을 익히 알고 있었다. 박헌영 부수상의 조사에도 결코 예외가 아니었다. 이들 특수기술자들은 일제 헌병들의 취조 방법과 해방후 붉은군대 보안요원들의 문초 방법 등을 혼합한 '기술'을 마구 휘두르고 있다는 소문이 무성했다(1993년 7월 26일). 남쪽 진보세력 일각에선 박헌영이 재판과정에서 순순히 따랐다며 '합법성'을 주장하지만, 당시 내무성 부상이었던 강상호의 증언은 얼마나 혹독한 고문이 자행됐는지 생생하게 증언해준다.

만…….

손 스님도 산에서 그분을 보셨어요?

원경 네. 남자 군복을 입고 있었어요.

손 제가 기자 시절에 수소문해서 그분 아드님에게 가까스로 연락을 했는데 만나기를 꺼리더라고요.

원경 저라도 그럴 겁니다. 지우고 싶은 기억일 테니까요. 만나더라도 "내가 뭘 압니까?" 하고 말 거예요. 중 신세인 저도 어쩔 수 없이, 하여튼 아버지 전집은 내가 만들어야겠다고 작정하고 세상에 나왔기에 이런 이야기도 하는 겁니다.

손 알겠습니다. 그래서 이현상 부대를 떠났나요?

원경 지리산에서 내려왔어요.

손 어디로 내려오셨어요? 포위망을 어떻게 뚫으셨나요?

원경 아무리 그물처럼 촘촘히 포위를 해도 그거 뭐 뛰어넘으면 될 것이고. 세상에 그 지리산이 얼마나 넓은 곳인데…….

손 지리산을 내려와서 어디로 가셨어요?

원경 광양으로 갔어요. 광양에 가서 한산 스님이 매어준 걸망 한 보따리를 지고 다시 백운산으로 올라갑니다. 올라가다가 경찰에 잡혔어요. 군복 입은 경찰, 요즘 말로 하면 전투경찰이라 할 수 있겠죠. 그 당시에는 "공비 토벌군"이라고 했어요.

손 경찰에 체포됐을 때 무서웠겠어요? 아직 열세 살 소년이었을 텐데요.

원경 나를 빨갱이 첩자라고 붙들어놓고 별소릴 다 해도 나는 중이라고 했어요. 염불 외워보라고 해서 염불도 하고, 한자도 써서 보여주고 그랬어요. 산사람들이 절에 불을 지른다고 해서 쫓아 올라가신 큰스님 찾으러 왔다고 했어요. 그래도 그걸 안 믿어요. 사실, 산사람들은 절에 불을 지른 적이 없어요.

산중에 있는 그 많은 절을 불지른 것은 국군과 경찰이었어요. 산사람들의 은신처가 된다고 불을 질러서 근거지를 없애버리는 거였어요.

아버지의 고향으로 피신하다

손 그럼 그때가 1953년이겠군요?

원경 그렇지요. 이현상 선생이 1953년 9월에 돌아가시니까요. 그때, 제가 백운산에 가야 할 이유가 있었어요. 한산 스님하고 이현상 선생이 백운산에서 만나기로 되어 있었거든요. 이현상 아저씨를 만나면 보따리를 전해주라 해서 제가 간 거니까요. 그 안에 있던 게 바로 승복과 바리깡 등입니다. 이현상 선생에게 승복을 입혀 중으로 가장해서 산에서 내려올 수 있도록 하려던 게 아닌가 싶어요. 제가 그걸 짊어지고 가다가 잡힌 거죠. 결국 경찰서로 끌려갑니다. 경찰서에 갇히면 밥을 주잖아요. 거기 갇힌 사람들은 대개 배가 고프니까 허겁지겁 먹습니다. 하지만 저는 애늙은이가 되어서 그런지 점잖게 먹었어요. 기억나는 게, 갈치국인가 멸치국인가를 제가 안 먹었어요.

이런 거 먹으면 부처님께 혼난다고 했어요. 그래서 먹기를 거부하는데, 그걸 본 어떤, 계급이 높아 보이는 군인이 저를 가리키며 내보내라고 그러더라고요. 고기가 든 국을 안 먹는 걸 보니 스님이 맞다는 거였죠. 저 아이를 풀어주라고, 안 그러면 우리가 정말로 부처님한테 혼나겠다던 말이 생생하게 기억납니다.

손 그럼 그때 일부러 그랬던 건가요?

원경 네. 일부러 그랬던 거였어요.

손 아니, 그 나이에 그런 꾀를 다 냈어요? (웃음)

원경 꾀가 아니라 한산 스님한테 배운 겁니다. 한산 스님은 혹시 언제라도 경찰에 가면 뭔 일이 있어도 절대 두려워하지 말고, 항상 부처님께 염불하고, 마음속으로 기도하면서 지내라고 하셨어요. 그러면 부처님께서 도와줘서 벗어날 수 있다고 말씀하셨거든요.

손 경찰서에서 나와 어디로 갔나요?

원경 제가 29일 만에 나온 건데, 그전에 하나 말씀드릴 게 있습니다. 경찰에 잡혔을 때 제가 보호자가 없잖아요. 경찰들이 너 대체 어느 절 소속이냐고 물었을 때, 화엄사에 가면 안다고 답했거든요. 실제로 화엄사 스님이 내 머릴 깎아줬어요. 그런데 산사람들이 화엄사 주지 서동월 스님에게 사람을 보내 경찰서에 있는 아이를 만나 꺼내오라 했는데 이 양반이 끝내 말을 안 들었어요. 나중에 산사람들이 내려와서 그 스님을 공개적으로 처형했답니다. 훗날 그 이야기를 들었을 때 참 가슴이 아팠어요. 대체 아버지란 사람이 누구인가, 왜 모든 사람들이 나를 이렇게 감싸고 도는 걸까······.

다시 경찰서 감옥에서 나올 때 이야기로 돌아가면, 한산 스님과 미리 약속한 게 있었어요. 일이 잘못되었을 때 만날 수 있는 장소를 정했지요. 그래서 광양에 있는 향교로 갔습니다. 공자를 모신 그 사당에 가서 얼쩡거리고 며칠 있다 보니까 한산 스님이 나타나더라고요. 그래서 김천에 있는 청암사로 들어갑니다. 그곳에서 4년간 글을 배우면서 있다가 큰스님 따라 해인사로 옮겨갔어요.

손 해인사에 줄곧 계셨던 건 아니죠?

원경 네. 그곳도 나와서 여기저기 다니다가 1958년 예산군에 왔어요. 예산이 아버지 고향인데 그때는 몰랐어요.

손 그런데 어떻게 예산을 가게 됐어요? 우연인가요?

원경 절집 생활이란 게 그렇습니다. 길을 가다가 맘에 드는 절이 있으면 거기 주지 스님이나 스님들한테 "여기서 기도나 하면서 지내고 싶습니다." 해요. 그래서 방 하나 내주면 좋고, 없으면 여럿이 지내는 큰방에서 살고 그럽니다. 그때 한산 스님하고 같이 살게 됩니다.

손 한산 스님을 다시 만나신 거예요?

원경 네. 그때 만난 뒤로 청암사에서도 같이 살고 해인사에서도 살았어요. 한산 스님은 볼일이 있으면 서울에 가서 한 달 있다가 오기도 하고 그랬죠. 예산에는 대련사[2]라는 절이 있어요. 봉수산 자락에 있는데 백제의 흑치상지[3]가 구국운동을 했던 임존산성이 남아 있어요. 산 밑에 내려오면 대흥면이 있는데 대흥초등학교가 아버지가 그곳 1회 졸업생입니다. 그때만 해도 저는 그 사실을 전혀 몰랐지요.

손 예산으로 가신 것은 운명이거나 한산 스님의 뜻이었는지도 모르겠네요.

산사에서 아버지 제사를 지내다

원경 아무튼 거기서 지내던 어느 날이었어요. 정확히 기억하는데 1958년 12월 15일이었습니다. 스님께서 사과, 배, 그리고 도라지와 고사리를 조금씩 볶아 놓고 해서 제사상을 하나 딱 챙기시더라고요.

손 한산 스님이 갑자기 제사상을 차린 건가요?

원경 네. 그런데 제사상에 '박헌영 영가'라고 쓰여 있는 겁니다. 아버지 제사였던 거예요.

손 그럼 그때 아버지가 돌아가신 걸 처음 아신 건가요?

원경 네. 그렇게 제사를 지내고, 나가시더니 산에 올라가요. 한산 스님이 담배 한 대 피우며 저 아래를 가리키면서, 저기가 아버지 고향이라며 그곳에 가면 먼 친척들이 있지만 너는 절대로 가서는 안 된다, 그 근처는 얼씬도 하지 말라고 하더군요. 그리곤 잠시 뜸을 들이다가 "그 어른이 인제 돌아가신 걸로 되

2 대련사(大連寺)는 충청남도 예산군 봉수산(鳳首山)에 있는 절로 백제 의자왕 때(서기 656년) 창건된 절이다. 절에서 1.5킬로미터 거리에는 백제 부흥군이 신라와 당나라 연합군의 공격을 물리친 임존성(任存城)이 있다. 성 안에 연당(蓮塘)과 연정(蓮井)이 있어 대련사라는 이름이 붙여졌다. 절 앞에는 수령 700년이 훨씬 넘는 느티나무가 있다.

3 흑치상지(黑齒常之 630?~689)는 백제의 가문 대대로 내려오는 무장이었다. 힘이 세고 지혜가 넘쳐 약관 스무 살에 달솔(지금의 국방차관)이 되었다. 하지만 의자왕이 술과 여자에 깊이 빠져 결국 당나라 소정방에 의해 비성이 함락되자, 흑치상지는 임존성으로 갔다. 열흘 만에 찾아든 백제인이 3만 명이 되었다고 전해진다. 주변 200여 성을 다시 찾아 백제가 다시 살아나는 듯했다. 하지만 백제 부흥운동은 내분으로 오래가지 못했다. 고민 끝에 당나라 고종이 친히 사신을 보내 설득하자 항복했다. 그 뒤 당나라에서 승승장구하며 황제의 총애를 받았지만 반역의 모함을 받고 처형당했다. 때를 잘못 만난 장군 흑치상지는 "내가 백제를 버리고 여기까지 왔다만, 이런 누명을 쓸 줄이야 몰랐다"라고 한탄했다.

어 있다. 북쪽에 있는 김일성에게 처형을 당했다 한다. 오늘이 12월 15일, 언제 돌아가신지는 모르지만 이날이 재판에서 사형언도를 받은 날로 신문지상에 그렇게 나왔느니라." 하시더라고요.[4]

손 그때가 1958년이면 열여덟 살인데 큰 충격이었겠어요.

원경 참 아주 씁쓰름하더라고요. 한산 스님에게 "아버지는 어떤 분이에요?"라고 물었어요. 첫 마디가 정말로 100년에 한 번 나올 만한 사람이라고 했습니다. 그러더니 "만일에 내가 훗날에 다시 태어난다 하더라도, 선생님이 태어난 곳이 있다면 나도 태어나고 싶다. 그래서 못다 한 일들을 하신다면 나는 서슴없이 선생님이 하신 일을 따라 할 거다." 합니다. 그러면서 이야기를 계속 하시더라고요. "네가 앞으로 어떤 생각을 할지 모르지만, 너는 그 어른을 아버지로 생각하기 전에 우리 민족이 절대 잊어서는 안 될 분으로 알아야 한다"라고 하셨어요. 이어 "네가 가슴에 품고 있는 아버지라는 사람은 너무나 큰 분이다"라는 말이 생생하게 기억에 남습니다. 스무 살 나이에 조국의 해방에 삶을 바친다는 생각을 했다는 것 자체가 여느 사람과 다르다는 것이었어요. 그때도 그렇지만 한산 스님은 공산주의라는 말을 안 썼어요. 빨갱이라는 말도 안 썼는데, 내가 두려워하는 말은 항상 좀 피해 간 것 같아요. 말씀을 그냥 나오는 대로 하는 게 아니라, 말 한마디도 생각해서 하시는 기 같았습니다. 스님께서 양력 12월 15일, 이날을 잊지 말고 네가 밥이라도 해서 정성스럽게 올려놓고, 천도의식을 하라더군요. 아버지의 영혼이 어두운 세계에서 헤매지 않고 이고등락하시기를, 그러니까 고통이 없는 세상에 태어나시라 기원하는 것이, 어쩔 수 없는 너의 운명이라고 일러주셨어요.

손 한산 스님은 참 자상하셨던 분이군요.

원경 네. 그리고 제가 속으로 아버지를 원망할지 모르지만, 그건 아버지의 운명이라고 하시더군요. 그런 아버지를 둔 것도 운명이라며 불교의 가르침을 일

17세의 원경 스님. 원경은 1941년 3월 박헌영과 정순년 사이에서 출생했다.

4 박헌영이 사형선고를 받았다는 보도는 당시 〈동아일보〉 1면에 소련의 타스통신을 인용해 큼직하게 실렸다. "朴憲永(박헌영)에 死刑言渡(사형언도) 타스報道(보도) 罪名(죄명)은 間諜(간첩)·殺人等(살인 등)" 제하의 보도(1955년 12월 20일자 1면)는 "전 북한 괴뢰집단 외상 박헌영이 間諜(간첩), 破壞(파괴), 殺人(살인) 및 暴行罪(폭행죄)로 死刑(사형)을 言渡(언도)받았다고 타스통신이 보도했다"고 전했다.

러주셨어요. 모든 것이 운명이다, 아버지 때문에 네가 고통받는 것은 아니다, 그러니 마음속에 해방을 찾으라는 뜻이었어요. 그리고 제일 중요한 것은, 항상 베푸는 마음으로 세상을 살아가라고 했어요. "남의 허물을 보지 마라. 그러면 너한테 적이 없다"며 "세상을 항상 착하게 살아라. 너만 착하면 이 세상이 다 착해진다"고 했습니다. 나중에 생각해보니 근원적인 이야기이더군요. 내가 착하면 세상에 악한 이도 없는 겁니다.

손 그래도 열여덟 살, 만으로는 열일곱 살 청소년이었을 때인데 아버지의 처형을 이겨내기 쉽지 않았을 것 같습니다.

원경 물론이죠. 보통 충격이 아니에요. 모든 게 참 덧없더라고요. 한산 스님은 모든 게 저한테 주어져 있다고 했어요. 지금 못 먹는 거, 못 배운 거, 못 쓴 거, 언제든지 네가 원하면 그런 밥상이 차려질 수 있으니까, 그런 건 걱정 말라 하더군요. 말하자면 돈 같은 거 걱정하지 말라는 거였어요. 만 권의 책을 보고 나면 보통사람들보다 월등하다고 했고요. 학교 못 다닌다고 안달하지 말고 뭐든지 읽을 수 있는 것은 다 읽으라는 거죠. 그런데 생각해보니까 하루에 한 권씩 봐도 한 30년을 봐야 만 권이 되더라고요. (웃음)

손 임존산성에서 그런 이야기를 듣고 그 뒤 어떻게 사셨나요?

원경 산에서 내려와서 스님 옷을 벗어버렸어요.

손 그러셨어요?

원경 네. 대신 군인들이 입는 야전 전투복 있죠? 그걸 물들인 걸 사서 입고 아무 모자나 쓰고 그냥 돌아다녔어요. 절에는 더는 들어가기가 싫었어요. 절만 있으면 비켜갔습니다. 누구 아는 사람 만날까 봐 더 그랬어요. 서울에 와서도 부산에 가서도 그랬고, 동쪽 서쪽을 그렇게 다니다 보니까 묘하게 자꾸 휩쓸리더라고요.

손 무슨 뜻인가요?

원경 깡패집단과 어울리게 돼요. 여기저기 다니다 괜한 시비가 붙어 쥐어박다 보면 도리없이 싸움판에 들어서게 됩니다. 그러다 보니 자연스럽게 휩쓸리게 되고…….

손 싸움을 잘했다고 들었는데요. (웃음) 어디서 배우신 건가요?

원경 어렸을 때부터 평생을 혼자 살아야 했으니까요. 한산 스님한테도 배우고 지리산 산사람들에게도 배우고 그랬어요. 한산 스님은 국선도 계통이고 검도도 잘하셨던 분이거든요.

손 어린 시절에 지리산을 비롯해 산을 오르내리며 체력을 단련했고 무술도 익혔으니 부랑자들을 쉽게 제압할 수 있었겠군요.

원경 아니, 그냥 막 하다 보니까 쌈도 잘하게 되더라고요. (웃음)

손 아버지의 처형 이야기를 듣고 그렇게 승복을 벗어 던진 뒤 방랑생활을 한 걸 충분히 이해할 수 있는데요. 당시의 심경을 조금 더 말씀해주시겠어요?

원경 세상이 참 덧없게 다가왔어요. 기다리면 언젠가 아버지가 다시 남쪽 세상에 오실 거라고 믿었어요. 사람들이 그렇게 이야기했거든요. 아버지가 남쪽에 나타나 통일된 나라를 이끌 거로 생각했어요. 남북이 하나가 되는 그때, 아버지는 개선장군이 되어 돌아올 거라는 생각이 제 머리에 주입되어 있었어요. 그런데 그 아버지가 김일성의 손에 죽었다는 겁니다. 그러니 마음이 어땠겠어요?

손 김일성에 대해서는 무슨 생각이 들었나요?

원경 아무 생각이 없었어요.

6
박헌영 사형 판결문과 최후 진술

원경 스님과의 대화를 쉬어갈 겸 여기서 박헌영 사형 판결문과 최후 진술을 짚어볼 필요가 있다. 평생을 민족독립과 사회주의 혁명에 바친 박헌영을 죽인 것은 일본 제국주의자들도, 미군정도, 이승만 정권도 아니었다. 김일성이었다. 그들이 조선공산당의 최고 지도자였던 박헌영을 죽이며 내놓은 문건이 있다. 판결문은 장문이다. 독자들의 판단을 위해 그들이 주장한 '범죄 대목'을 간추려 싣는다. 아울러 당시 현장에서 박헌영 재판 진행 업무를 진두지휘한 내무성 부상 강상호의 증언을 싣는다.

1. 박헌영 판결문(1955년 12월 15일)[1]

미 제국주의자들은 이미 장구한 기간에 걸쳐 조선을 자기의 식민지로 하고 나아가서는 중국과 쏘련을 반대하는 극동침략의 군사기지로 할 계획에 근거하여 악랄한 음모를 집요하게 계속하여 왔다. 위대한 쏘련 군대에 의하여 조선이 일제의 식민지 통치기반으로부터 해방된 후 미 제국주의자들은 1945년 9월 자

고려공청 조직 당시 박헌영의 집. 제1차 공산당 사건에 대한 공판이 진행되던 날 신문에 게재된 1925년 고려공청 결성 소식. 사진은 당시 박헌영의 서울 종로구 훈정동 4번지 집과 방안 모습이다. 《조선일보》 1927. 9. 13)

1 재판의 공식 명칭은 '미 제국주의의 고용간첩 박헌영, 리승엽 도당의 조선민주주의인민공화국 정권 전복 음모와 간첩사건'이다. 박헌영 재판에 앞서 남조선노동당 계열의 고위간부 12명은 1953년 7월 30일 기소되어 7일 후인 동년 8월 6일 판결이 내려졌다. 반면 박헌영은 2년이 더 지난 1955년 12월 3일 기소되었다. 박헌영을 비롯해 13명 가운데 2명을 제외한 전원이 사형 판결을 받았다. 박헌영은 1956년 7월 총살된 것으로 알려졌다.

국 군대의 남반부 상륙을 계기로 조선에 관한 국제공약들을 난폭하게 유린하면서 이 침략 목적의 달성을 위하여 노골적으로 발광하였다.

즉 미 제국주의자들은 조국의 평화적 통일 독립을 염원하는 조선 인민을 반대하여 리승만 매국역도들로 괴뢰정권을 조작한 후 공화국 남반부에 팟쇼적 군사 경찰제도를 확립하고 민주주의적인 일체의 요소에 대하여 갖은 테로 살육을 자행하다가 1950년 6월 25일 드디어 이미 계획 준비하여 온 공화국 북반부에 대한 무력침공을 개시함으로써 공화국 북반부에 창건된 인민민주주의제도를 말살하고 전 조선을 자기의 식민지화하기 위한 동족상쟁의 전쟁을 도발하였으나 조선 인민의 영웅적 항거에 봉착하여 수치스러운 참패를 거듭한 후 1953년 7월 27일 정전 협정에 조인하기에 이르렀던 것이다.

이 기간에 미 제국주의자들은 이러한 직접적 발광과 병행하여 간첩 리승엽, 리강국, 조일명, 림화 도당을 고용하여 남반부에서의 조선 인민의 정의로운 반항 투쟁을 진압하고 당과 민주역량을 와해 궤멸하였으며 다시 그들을 공화국 북반부에 파송하여 당과 정부 내에 깊이 잠입시켜 군사·정치·경제·문화에 관한 중요 기밀을 탐색 첩보하는 간첩 범행을 수행하게 하였고 조선 인민의 애국적 단결을 약화 소멸시킬 목적으로 이간, 대립, 불신을 조성시키는 갖은 모략을 계통적으로 감행케 하였으며 내종에는 적군의 진격에 호응하여 당과 정부를 전복하기 위한 무장폭동을 결행하기로 음모하는 데 이르기까지 내부로부터의 파괴를 기도한 일련의 범죄를 조직하였다.

1953년 8월 6일 평양시에서 피소자 리승엽 등 12명에 대하여 선고한 조선민주주의인민공화국 최고재판소의 판결에 의하여 확증된 이상과 같은 간첩행위, 반혁명적 모략행위, 무장폭동, 음모행위들은 이미 1939년부터 미 제국주의자들의 조선 침략에 복무할 것을 원쑤 앞에 맹약한 간첩 박헌영을 두목으로 하여 조직 수행되었다는 사실이 판명되었다. (…)

피소자 박헌영에 의하여 지도되는 리승엽, 배철, 박승원, 림화, 조일명 등은 1953년 8월 6일 조선민주주의인민공화국 최고재판소의 판결로써 확정된 바와

'101인 사건' 기소 관련 신문 기사. 제1, 2차 조선공산당 사건은 병합심리로 1927년 3월 31일 예심이 종결되었다. 105명이 예심에 회부되어 99명이 기소되었다는 사실과 관련자들의 사진이 실려 있는 보도기사. 이 사건은 최종적으로 101명이 기소되어 '101인 사건'이라고 불린다. 박헌영은 제일 위 오른쪽에서 세 번째. 《동아일보》 1927. 4. 3)

같이 조선 인민이 원쑤 격멸에 총궐기한 간고한 전쟁 기간인 1951년 9월 초순 조선로동당 중앙위원회의 리승엽 사무실에서 예상되는 적군의 군사 공세에 호응하여 당과 정부를 전복할 무장폭동을 단행할 것을 토의하고 리승엽을 무장폭동 총사령으로 하고 박승원을 참모장으로, 배철을 군사조직 책임으로, 김응빈을 폭동지휘 책임으로, 림화와 조일명을 선전선동의 책임으로 하는 무장폭동 지휘부를 결정하였으며 그 후 거듭된 밀의에서 무장폭동의 주력으로 예견한 유격 제10지대를 근 4,000명에 달하게까지 증강하고 평양 부근에 이동 주둔시킬 것을 기도하는 한편 그들과 금강학원 학생들에게 공화국에 적대하는 반혁명적 사상을 주입하는 교육과 군사 훈련을 강화하는 모의를 강화하여 왔으며 1952년 9월 이 악당들은 다시 피소자 박헌영의 주택에서 밀회하여 무장폭동으로써 당과 정부를 전복한 이후에는 조선 근로계급을 기만하여 미제의 조선 침략을 완강케 하기 위한 합법적 '좌익정당'으로서의 '새당'을 결성하고 미국에 예속되어 자본가 지주계급의 이익을 보장하기 위하여 장차 리승만 괴뢰정부에 연합될 운명을 예견한 '신정부'를 조직할 데 대한 음모를 감행하였는바 이들은 박헌영을 수상으로 하고, 장시우, 주녕하를 부수상으로, 박승원을 내무상으로 리강국을 외무상으로, 김응빈을 무역상으로, 조일명을 선전상으로, 림화를 교육상으로, 윤순달을 상사업상으로, 배철을 로동상으로 하고 리승엽을 '새당'의 총비서로 할 것을 결정하였다.[2] (…)

이상 사실을 피소자 박헌영의 예심 및 공판심리에서의 진술과 증인 한철, 김소목, 권오직 등의 증언 및 1953년 8월 6일 조선민주주의인민공화국 최고재판소의 판결에 의하여 확정된 피소자 리승엽 등 12명에 대한 형법 제78조, 동 제68조, 동 제76조 2항, 동 제65조 1항, 동 형사 사건기록(13권 총 4,000페이지)에 의하여 확증된다. 피소자 박헌영이 조선의 자주독립과 민주화를 반대하고 공화국의 인민주권을 전복할 목적으로 조국에 반역하고 미 제국주의에 복무한 간첩행위와 동일한 목적을 위하여 감행한 반혁명적 모략, 선전선동 행위 및 리승엽 등 반혁명 도당들의 무장폭동 음모의 실현을 비호 보장하여 준 행위는 형법 제

2 남로당 숙청과 관련해 남쪽 진보세력 일각에서는 박헌영은 확인할 수 없지만 적어도 이승엽이 정부 전복 음모를 벌였다고 분석하기도 한다. 그들 주장은 판결문에 근거하고 있다. 하지만 당시 수사를 맡았던 강상호의 증언을 주목할 필요가 있다. 조사 과정에서 정부 전복 혐의에 대해 이승엽은 당당하게 반론을 펴고 있는데 설득력이 있다.
"노동당 중앙위원회 비서 겸 사법상이었던 이승엽은 내무성 특명반의 조사과정에서 무력폭동 음모혐의에 대해 완강히 부인했다. 전쟁 때 중앙당의 결정에 의해 대남공작의 총책임자였던 그는 특명반 조사관의 질문에 조목조목 따져나갔다. 다음은 이승엽의 1차 진술조서 중 내무성 특명반 조사관과의 일문일답 일부.

– 남로당이 금강정치학원에서 양성한 정치공작대와 유격대원은 모두 몇 명인가.
▶지금까지 모두 4,000여 명 양성했다.
– 4,000명을 모두 무력폭동에 동원하려 했는가.
▶이들 중 2,000여 명은 남조선에 침투, 지리산 등에서 전쟁과업을 수행 중이다. 또 1,000여 명은 북반부에서 인민군의 전투를 지원하고 있으며 나머지 1,000여 명은 평양 근교에서 대기 중이다.
– 평양 근교에 대기 중인 유격대원들은 무장 상태였는가.
▶일부 교재용 무기를 갖고 있었다.
– 유격대원들에게 언제 어떤 방법으로 당중앙위원회와 내각, 방송국 등을 점령하도록 했는가.
▶무슨 말인지 모르겠다. 그런 계획을 생각해본 적도 없다.
– 그러면 왜 대원들을 무장시킨 채 대기시켜 놓았는가.
▶지금은 전시상태가 아닌가. 상부로부터 언제 어떤 명령이 하달될지 모르니 항상 전투준비를 하고 있어야 한다.
– 유격대원들은 출동명령이 떨어지면 당과 내각, 방송국 등을 점령하고 대항하는 분자가 있으면 모두 사살하라는 지시를 받았다고 말하고 있다. 그래도 부인할 것인가.
▶그런 증언을 한 대원을 내 눈앞에 대라. 설사 그런 계획을 갖고 있었다고 하더라도 그것은 현실적으로 불가능하다. 평양엔 비행기·탱크·박격포·고사포·기관총·폭탄·수류탄 등 현대 무기로 무장한 수만 명의 인민군·친위군·경비군 등 평양방위군이 주둔하고 있다. 낡은 교재용 무기(총)를 든 1,000여 명의 유격대원들이 이들 방위군을 이겨낼 수 있다고 보는가.
– 유격대원들이 기습적으로 평양을 밀고 들어와 주요 인사들을 사살·감금하고 각 기관을 점령하면 북·남반부에 있는 3,000명의 유격대원들이 평양에 집결해 인민폭동을 일으키려고 했지 않은가.
▶그것도 상식적으로 가능하다고 보는가. 북반부 전역의 인민군부대에 지원 나가 있는 유격대원들이 상부의 지시 없이 일시에 집결할 수 없을 뿐 아니라 남조선의 지리산 등에 있는 대원들이 무슨 방법으로 평양에 집결할 수 있겠는가.

이상과 같이 이승엽은 1차 진술에서 무력폭동 음모 등을 완강히 부인했다. 그러나 그 후 10여 차례의 진술조서에서는 거의 대부분 1차 진술을 번복, 시인했었다. 조일명·임화·이강국 등 주요 간부 12명도 사정은 마찬가지였다. 이들이 이같이 1차 진술을 번복하기까지 얼마나 혹독한 고문 등을 받았는가를 추측하기는 어렵지 않았다.
이들이 내무성에서 조사를 받는 동안 가족들도 이들 못지않게 온갖 고문 등을 받으며 평양시내 변방 특수가옥에서 조사를 받았다. 모스크바대학과 레닌그라드대학에 유학 중인 이승엽·이강국 아들들도 소환돼 분리 감금상태에서 조사를 받았다. 남로당파 주요 간부들이 검거돼 조사를 받던 1953년 봄, 노동당에선 100만 당원들을 동원해 5차 전원회의의 김일성 수상 보고문헌을 토의하는 운동이 대대적으로 전개됐다."《중앙일보》 1993년 4월 19일).

78조, 동 제68조, 동 제76조 2항, 동 제65조 1항에 해당하는 범죄를 구성하는 것임을 확인하고 당 재판소는 형사소송법 제223조, 동 제228조 1호, 동 제237조에 의하여 다음과 같이 판결한다.

주문 피소자 박헌영에 대하여 형법 제78조, 제68조에 의하여 사형 및 전부의 재산몰수를, 형법 제76조 2항에 의하여 사형 및 전부의 재산몰수를, 형법 제65조 1항에 의하여 사형 및 전부의 재산몰수를 양정하고 형법 제50조 1항에 의하여 동인을 형법 제78조, 제68조의 사형에 처하고 전부의 재산을 몰수한다. 본건에 첨부된 증거물은 권리자에게 반환한다.

조선민주주의인민공화국 최고재판소 특별재판 재판장 조선민주주의인민공화국 차수 최용건[3]

2. 재판을 지휘한 강상호의 증언: 사형선고 받은 박헌영의 최후 진술[4]

1955년 12월 어느 날, 평양 시내 내무성 구락부. 최고 재판소 군사 재판부 주관으로 역사적인 박헌영 부수상에 대한 공개 재판이 열렸다. 재판장은 빨치산 출신으로 부수상 겸 민족보위상인 최용건이, 배심원은 소련 정보기관 출신 내무상 방학세와 김일성 유격대 출신인 최고 검찰소장 이송운이 각각 맡았다. 노동당 중앙 위원, 중앙당 부장 이상 간부, 내각 부상 이상, 시·도당위원장, 각 사회단체 핵심 간부들은 모두 재판을 방청토록 하라는 당의 지시에 따라 1,000여 명이 참관했다. 군사 재판으로는 매우 이례적이었다.

이 사건의 조사, 예심 주관부처 내무성 부상인 나(강상호)는 맨 앞줄 왼쪽에 앉아 예심처 간부들의 재판 진행 업무를 진두지휘했다. 재판장과 배심원들의 책상에는 그동안 조사했던 박헌영 부수상에 대한 조사서 등 서류가 산더미처럼 쌓여 있었다. 예심처는 이 재판에 대비해 간밤에 박 부수상을 내무성 내 간부용 목욕탕으로 데리고 가 목욕과 면도를 시키고 검거 당시 입고 있었던 검은 양복을 챙겨두었다.

호송원들이 박 부수상의 팔장을 끼고 재판장에 입정했다. 재판장에 들어선

서울로 압송되는 박헌영. 1933년 상하이에서 다시 체포되어 서울로 압송되는 박헌영.

3 재판장 최용건(1900~1976)은 그 뒤 출세가도를 달린다. 최용건은 본디 군인이다. 평안북도 정주에서 오산중학교를 중퇴하고, 1925년 중국 윈난 군관학교를 졸업했다. 1936년 동북항일연군에서 참모장을 지냈다. 해방 이후 평양에서 조만식이 조선민주당을 창당할 때 김일성과 협의하에 입당해서 부위원장, 중앙위원회 위원장을 맡았다. 1948년 9월 조선민주주의인민공화국이 수립될 때 민족보위상(국방장관)으로 일했고 한국전쟁 시기에는 서울 방위사령관이었다. 1953년 2월 조선인민군 차수로 승진했다. 박헌영 재판이 끝난 뒤 1955년 부수상 겸 민족보위상이 되었다. 이후 당 중앙위원회 부위원장과 국가부주석을 역임했다. 1960년엔 노력영웅 칭호를 받았다. 박헌영 판결문에는 재판장 외에도 김익선, 림해, 방학세, 조성모의 이름이 올라가 있다.

4 강상호가 〈중앙일보〉에 기고한 글이다. 1993년 8월과 9월에 걸쳐 연재됐다. 더러는 강상호의 증언도 일방적이라고 회의적 시선을 보낼 수 있다. 물론, 비판적 접근은 진실을 탐색하는 데 미덕이다. 하지만 고령에 들어 죽음을 앞둔 강상호가, 증언 내용에 나타나듯이 구체적 사실 관계까지 완벽하게 조작하며 거짓말을 공개적으로 늘어놓았으리라고 믿을 아무런 이유가 없다.

강상호가 그렇게 해서 이익을 볼 게 아무것도 없기 때문이다. 나는 강상호의 글을 읽으며 사실에 근거한 증언이라는 확

박 부수상은 시선을 정면에 고정시킨 채 지정석에 앉아 태연한 표정을 잃지 않았다. 검찰 측이 범죄 사실을 낭독하고 사형을 구형하는 논고장을 모두 읽어 내릴 때까지도 안경 속으로 두 눈을 지그시 감은 채 일절 표정을 노출하지 않았다. 이어 재판장의 질문이 시작되자 두 눈을 뜬 후 시선을 재판장에게 고정시켰다.

최용건 검사의 논고를 들었는가.
박헌영 잘 들었다.
최용건 이 논고를 어떻게 생각하는가.
박헌영 논고장이 길어 재판장이 어떤 부분을 묻는지 잘 모르겠다. (재판장 최용건이 곧바로 질문을 잇지 못하고 멈칫하자, 배심원 방학세가 재판장 책상 위에 놓인 서류를 넘기면서 몇 마디 귓속말을 건넸다.)
최용건 검사는 박헌영이 미제 간첩이라고 선언했지 않는가.
박헌영 재판장이 보는 미제 간첩이라는 개념이 나와는 큰 차이가 있다.
최용건 스파이면 스파이지 개념의 차이가 있다는 말은 무슨 뜻인가. 박헌영은 내무성 예심처 조사과정에서 미국놈들과 여러 차례 만났다는 사실을 시인하지 않았는가.
박헌영 그렇다. 멀리는 상해에서, 가깝게는 남조선에서 혁명 사업을 하면서 여러 차례 미군정 고위 인사들과 만났다.
최용건 그것이 스파이가 아니고 무엇인가. 전 인민들은 미제 스파이임을 잘 알고 있다. 이 엄숙한 재판을 모면하려는 수작을 부리지 마라. 왜 스파이를 했는지 말하라.
박헌영 남조선에서 미군정 인사들에게 이승만 세력을 감싸고돌지 말고 민전(1946년 남한 내 비상국민회의에 대항하기 위해 범 좌익단체들이 결성한 단체. '민주주의민족전선'이라 한다.) 인사들의 활동도 도와달라고 요청했다. 그리고 하루속히 남조선에서 미국이 물러가고 조선의 통일은 조선인 손으로 이룰 수 있도록 도와달라고

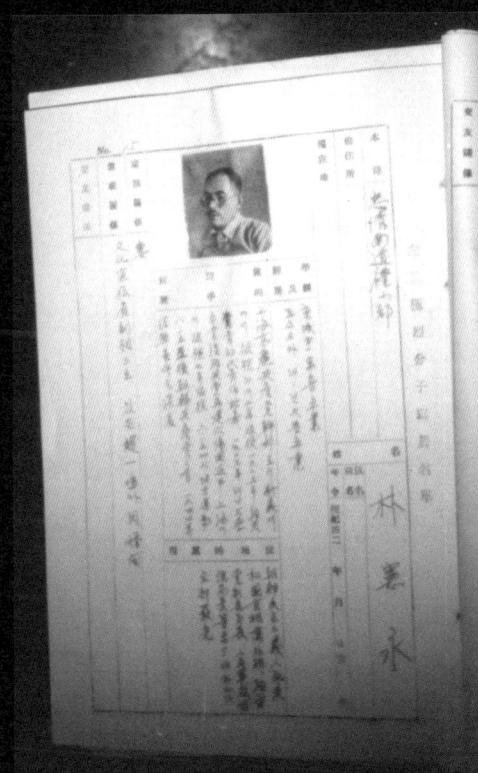

'좌익극렬분자 사진명단'에 수록된 박헌영. 해방 후 오제도 검사와 같이 공안검사로 활동했던 정희택 검사의 서고에서 발견된 '좌익극렬분자 사진명단' 속의 박헌영 기록. 사진은 1939년 출소 무렵 모습으로 추정된다.

요청했을 뿐이다. (최용건이 학식과 법률 지식이 모자라 박헌영의 이론과 논리에 밀리는 분위기가 계속되자, 배심원 방학세가 말을 가로챘다.)

방학세 민전을 도와달라고 요청한 것이 바로 미제와 손잡고 혁명을 하려는 것이 아니고 무엇인가.

박헌영 미군정이 민전 활동을 감시하고 공산당 당원들만 잡아가는 것을 항의한 것이지 그들과 손잡고 혁명 사업을 하려는 것은 아니다.

방학세 무슨 소린가. 예심처에서 미제들과 주고받은 담화 내용과 그 증거들을 확보하고 있는데 그래도 부인할 작정인가. (목청을 높이며) 우리 공화국 원수 미제의 간첩이 인민 앞에 솔직히 죄과를 털어놔도 용서받을지 모르는 판에 어디서 주둥아리를 까발리고 있는가.

순간 박헌영 부수상은 "그래! 너 말대로 스파이였으니 멋대로 해라!"며 안경을 벗어 시멘트 바닥으로 내던졌다. 안경알이 박살 났다.[5]

느닷없이 박헌영이 안경을 던지는 바람에 재판정 분위기는 더욱 무거워졌다. 호송병들이 시멘트 바닥에서 박살 난 안경알을 줍는 사이 방청석의 일부 고위 간부들이 "저 새끼 아직도 정신 못 차렸구만." "저런 새끼는 재판할 필요가 없어"라며 웅성거렸다. 그들은 모두 김일성 수상 직계의 빨치산파 또는 갑산파 간부들이었다. 그러나 당과 내각의 주류를 이루고 있는 연안파와 소련파 간부들은 굳은 표정으로 묵묵히 재판 과정만 지켜 보고 있을 뿐이었다.

배심원 방학세(내무상)가 일부 간부들의 웅성거림에 고무된 듯 손바닥으로 책상을 치며 소리를 질렀다.

방학세 여기가 어딘 줄 알고 그따위 행패를 부리는가. 동무(박헌영이 부수상 시절에는 경칭인 동지로 호칭)는 아직도 왜 이 자리에 서 있는지를 모르고 있는가? 알고 있는가?

박헌영 (다시 침착한 표정으로) 잘 알고 있다.

최고인민회의 제1차 회의에서의 박헌영과 김일성. 조선민주주의인민공화국 수립 선포 전날인 1948년 9월 8일 최고인민회의에서 김일성을 수상으로 선출하고 있다. 앞줄에 박헌영(왼쪽 두 번째)과 김일성이 나란히 앉아 있다.

5 우리는 이 대목에서 꼭 30년 전 박헌영이 일본 제국주의 법정에서 재판장에게 안경을 던진 사실을 회고할 수 있다.

방학세 (손가락으로 박헌영을 가리키며) 동무는 반당 종파분자들의 두목으로 공화국의 특급비밀을 미제들에게 까발린 스파이 왕초였다. 동무를 믿고 공화국에 따라 올라온 이강국(전 외무성부상), 권오직(전 주중대사), 구재수(전 최고인민회의 상임위원) 등이 그 증인으로 이 자리에 와 있지 않은가? 지금 저자들은 혼자만 살아남기 위해 비겁한 행동을 하고 있는 동무에게 실망과 조소를 보내고 있다. 종파분자 두목답지 않은 행동을 벗어던지고 솔직히 동무의 죄과를 시인하고 용서받는 것이 도리 아닌가?

한참 동안 침묵을 지키던 재판장 최용건(부수상 겸 민족보위상)이 준엄하게 입을 열었다.

최용건 동무는 미제 간첩임을 시인하는가?

박헌영은 증인석에 나와 있는 이강국, 권오직 등에게 시선을 보냈다. 자신들의 보스였던 박헌영의 첫 시선을 받는 이강국 등의 표정은 조금 전 방학세 내무상의 힐난과는 크게 달라 보였다. 그들이 면면에서는 원망하는 표정은 전혀 읽을 수 없고 오히려 '억지로 끌려온 부하들을 용서해달라'는 표정을 지으며 더 이상 시선을 마주칠 면목이 없다는 듯 고개를 시멘트 바닥으로 처박은 채 한참 동안 일으킬 줄 몰랐다. 박헌영 역시 자신의 시선이 상대방을 잃자 초점 없이 고개를 재판정 천장으로 올려놓았다. 재판정의 분위기도 잠시 숙연해졌다. 지금도 나(강상호)는 불운의 한 혁명가와 그 부하들이 '운명'의 재판정에서 최후 시선을 맞부닥치고 있던 모습을 잊을 수가 없다. 박헌영이 2~3분간 계속된 침묵을 깨고 다시 가느다란 목소리로 입을 열었다.

박헌영 너희들이 지금 나에게 무엇을 요구하고 있는지를 잘 알고 있다. 이것이 마지막 진술 기회인가?

최용건 그렇다.

박헌영 알겠다. 얘기가 조금 길더라도 양해해줄 수 있는가?

방학세 이미 예심처에서 하고 싶은 얘기를 다 했지 않은가. 그 얘기를 시인하는지 여부만 간단히 하면 되지 않은가.

박헌영 그렇다면 예심처에서 조사한 사실만 가지고 당신들끼리 모여 최종 결론을 내리지 않고 왜 나를 재판정에까지 데리고 나왔는가. 이렇게 많은 간부들에게 이 박헌영의 몰골을 마지막으로 보여주기 위함인가. 자, 박헌영을 똑바로 봐라!

그는 전후좌우로 돌리면서 매서운 표정으로 돌변했다.

최용건 그래, 동무의 말이 옳소. 이 자리는 동무가 예심처에서 못했던 말을 다 할 수 있는 곳이오. 지루하지만 들어주겠소.

박헌영의 태도가 심상치 않다고 판단한 최용건이 갑자기 경어를 써가며 충분한 최후의 진술을 허락했다.

박헌영 나는 이 자리에 오기 훨씬 전부터 살아나갈 수 없는 신세임을 느끼고 있었다. 이 재판은 말 그대로 요식일 뿐, 어떠한 최후 진술도 너희들의 각본을 뒤집을 수 없다는 사실을 잘 알고 있다. 그렇다면 결론부터 말하겠다. 너희들의 주장대로 나는 미제의 간첩이었다. 그러나 너희들이 주장하는 미제 간첩과 내가 주장하는 미제 간첩은 엄격히 다르다. 나는 남조선에 있을 때, 아니 그 훨씬 전부터 미국 사람들과 교분이 있었다. 그 교분은 조국의 해방과 독립통일을 위한 차원이지 결코 간첩행위가 아니다. 남조선에서 나는 미군정 고위장성들을 만나 내가 통일조국의 최고책임자가 되면 미국과도 국가 정책을 협의할 수 있다고 분명히 밝혔다. 내가 약속한 그 협의는 현재 소련과 미국의 두 지도자가 서로 얼굴을 맞대고 국제 문제를 협의하고 있는 것과 같은 맥락의 뜻이다.

　최후 진술이 본론 부분에 접어들면서 더욱 카랑카랑해진 박헌영의 목소리는 재판정을 압도했다. 최후 진술을 듣고 있던 재판장 최용건이 박헌영과 일문일답을 시작했다.

최용건 동무는 미국의 스파이 활동을 대체로 시인하고 있는데 구체적으로 어디서 누구와 연락을 했고 어떤 자료를 제공했는가.
박헌영 재판장은 말귀를 그렇게 못 알아듣는가. 그 질문에 대한 답변은 내무성 예심처에서 진술한 기록이 재판장 책상 위에 있을 테니 그것으로 대신하시오.
최용건 (말귀도 못 알아듣는다는 비아냥거린 답변에 최용건은 약간 열을 받은 듯 목소리를 높이면서) 동무는 예심처의 진술과 재판정에서의 최후 진술을 구분하지 못하는 모양인데 양자는 엄격한 차이가 있다. 굳이 답변을 거부한다면 예심처의 진술을 참고하겠다.
박헌영 아직도 재판장은 말귀가 열리지 않은 것 같다. 예심처의 진술과 이곳에서의 최후 진술을 구분하지 못하고 있다고 지적했는데, 나는 독립운동을 하다 여러 차례 일본 헌병에게 붙들려 감옥살이를 했다. 그러다 보니 형사법에 관한 한 나도 '반풍수'는 됐다고 자부한다. 재판장의 질문에 대한 답변을 예심처의 진술로 대체하라는 말은 그 이상 새로운 진술이 없다는 뜻이다.
최용건 이론가(김일성이 박헌영에게 붙인 별명), 이곳은 법이론을 토론하는 토론장이 아니다. 다 떨어진 일본놈들의 법이론을 들고 나와 어쩌겠다는 건가. 쓸데없는 소리 집어치우고 재판장의 질문에만 충실히 답변하라. 공화국의 비밀자료를 누구에게 넘겨주었는가.
박헌영 미군정 지도자들을 만나 약속한 것은 내가 장차 통일조국의 최고책임자가 되면 미국과 국제협력관계 등을 적극적으로 검토하겠다는 것이었다. 따라서 아직 내가 최고책임자가 되지 않았기 때문에 미국과의 약속은 하나도 이루어진 게 없다.

최용건 그런 헛소리를 듣기 위해 이 재판을 연 것이 아니다. 더 이상 할 말이 없다는 소리인가.

박헌영 마지막으로 한마디만 하겠다. 그대들 말대로 나는 미국의 스파이였다고 하자. 모든 것은 내가 주도했을 뿐 남로당 간부들은 전혀 책임이 없다. 그들은 모두 조국의 해방과 통일, 사회주의 혁명과업을 위해 밤낮으로 일해온 정직한 애국자들이다. 나에게 떨어진 죄의 대가가 어떤 것이든지 간에 달게 받겠으니 죄 없는 남로당 간부들을 용서해달라. 거듭 부탁한다.

박헌영의 최후 진술이 끝나자, 재판관들은 잠시 안으로 들어갔다. 당의 지시와 미리 준비한 판결문 원고를 선고에 앞서 최종적으로 검토하기 위해서였다. 20여 분 후 최용건을 선두로 재판관들이 준엄한 표정으로 나타났고 재판장 최용건은 준비한 판결문을 낭독했다.

최용건 (중략, 예심처 기소장과 중복) 박헌영을 사형에 처한다. 조선민주주의인민공화국 최고재판소 재판장 최용건.

최용건은 긴 판결문을 낭독한 후 배심원들과 함께 퇴정했다. 정확히 밤 10시였다. 5시간 동안 진행된 마라톤 재판이 막을 내렸다. 일부 수상직계 간부들은 기세등등한 표정이었으나 대부분의 참관 간부들은 굳게 입을 다문 채 사형선고에 대한 반응을 보이지 않고 각자 귀가했다. 이렇게 하여 1953년 3월 검거 후 2년여 동안 끌고 온 박헌영 재판은 막을 내렸다.

다음 날 아침 9시 정각, 내무성 간부회의실. 제1부상 겸 정치국장인 필자(강상호)와 예심처장 주광무 등 고위간부들이 참석한 가운데 방학세 내무상 주재로 박헌영 재판에 따른 대책회의가 있었다. 예심처장 주광무가 재판 때까지 박헌영이 미제 간첩임을 증명할 수 있는 결정적인 증거를 제시하지 못했음을 솔직히 시인하고 수사과정의 이런저런 어려움을 장황하게 보고했다. 시종 무거운 표정을 지으며 주광무의 보고를 듣고 있던 방학세는 "증거를 찾아내지 못했다는 변명만 갖고 수상실에 올라가 보고할 수 없으니 그 대책을 제시하라!"며 화를 냈다. 주광무가 "내무상 동지, 현 상태에서 박헌영의 사형언도를 집행할 경우 소련을 비롯한 형제국들의 화살을 피하기 어렵습니다. 그러니 당분간 사형집행을 보류하고 증거를 찾아내야 한다고 생각합니다"라고 건의했다.

방학세는 여전히 신경질적인 어투로 "알았소, 수상 동지께서 우리의 변명을 받아주실지 모르지만 만약 기회를 주신다면 나와 동무의 목은 이론가의 스파이 증거에 달려 있소"라고 강조한 뒤 자리를 박차고 나가 수상실로 직행했다. 전 간부들은 방학세 내무상이 김일성 수상에게 보고를 끝내고 돌아올 때까지 그대로 회의실에서 기다렸다. 한 시간여 후 방학세가 가벼운 표정을 지으며 회의실에 나타났다.

김일성 수상에게 박헌영의 사형선고에 따른 대책을 보고하고 돌아온 내무상 방학세의 표정은 어둡지 않았다. 그는 곧바로 간부회의를 진행했다.

방학세 수상 동지께서도 재판 결과에 대해서는 만족하셨소. 그러나 박헌영이 미제 간첩이었음을 증명할 증거를 확보해야 하는 문제는 여전히 내무성 책임으로 남아 있소. 국제동향을 보아가며 박헌영의 사형집행을 결정하는 것이 좋겠다는 내무성 안이 받아들여졌으니 공은 다시 내무성으로 넘어온 점을 명심해야 하오. 예심처장은 전 요원들을 다그쳐 빠른 시일 내에 미제 간첩을 증명할 수 있는 증거를 확보하는 데 주력해야 하오. 그리고 강상호 부상도 수상 동지와 당의 명령이 하루속히 관철되도록 예심처를 철저히 감독해주어야겠소.

이날 회의에서 방학세의 지시(곧 김일성의 지시)를 종합하면 박헌영에 대한 사후처리 문제가 보다 명확해졌다. 즉, 미제 간첩에 대한 증거가 확보되는 대로 국제여론에 관계없이 곧바로 사형을 집행한다는 것이다. 따라서 예심처에선 어느 때보다도 강도 있게 '미제 간첩' 증거 확보에 나섰다. 전 예심처 조사요원들은 거의 하루도 거르지 않고 8개월여 동안 박헌영과 남로당 간부들을 불러 원점에서부터 재심문하는 등 증거 확보에 나섰다. 특히 이번에는 내무성 특수요원들까지 동원해 박헌영을 비롯한 남로당의 '미제 간첩' 흔적을 찾는 데 안간힘을 썼다.

그러나 결과는 당초 예측했던 대로 전혀 진전이 없었다. 주광무를 비롯한 예심처 요원들은 지칠 대로 지쳐 거의 자포자기 상태였다. 새로운 각도에서 증거 수집을 진행하고 있던 1956년 2월 중순께였다. 모스크바의 소련공산당 지시로 소련 외무성에서는 평양주재 이와노프 소련 대사를 통해 공화국에 '박헌영 문제'에 대한 압력을 내려보냈다. 이와노프 대사는 김일성을 여러 차례 방문, "우리는 박헌영에 대한 재판 소식을 듣고 있다. 박헌영을 죽이지 말고 소련으로 보내달라"는 내용의 소련 외무성 메시지를 전달했다. 그때마다 김일성은 "모스크바의 의견을 참고하겠다"고 약속했고 이와노프 대사는 이를 모스크바에 보고했다.

그러나 김일성의 약속은 어디까지나 모스크바의 비위를 건드리지 않겠다는 의례적인 것이었고 이와노프 대사가 돌아가고 나면 간부들 앞에서 "모스크바에서 우리의 내정을 간섭하고 있다"며 노골적인 불만을 털어놓았다. 당과 내각의 주요 간부들은 수상의 이 같은 태도로 미루어 박헌영의 사형집행은 증거 확보 여부에 관계없이 실현될 것으로 믿고 있었다. 다만 그 시기가 언제일 것이냐만 모르고 있었을 뿐이었다. 공화국의 역사상 김일성 정권이 가장 위기에 처했던 1956년 8월 하순이었다. 김일성이 동유럽 형제국 순방을 나선 틈을 이용, 연안파 핵심 간부들을 중심으로 일부 소련파 간부들까지 합세한 이른바 '8월 종파사건'이 터지는 바람에 김일성이 급거 귀국했다. 김일성은 '8월 종파사건'이 스탈린 사망 후 거세게 불고 있는 개인숭배와 1인 독재 배격운동과 박헌영 정치노선 등에 근본 뿌리를 두고 있음을 발견했다. 전원회의에서 김일성은 방학세 내무상에게 느닷없이 "방 동무, 그 리론가(박헌영)는 지금 어떻게 됐어? 문제의 증거는 완벽하게 확보했느냐?"고 물었다.

김일성의 질문이 끝나기가 바쁘게 방학세는 "예심처에서 그동안 백방으로 노력했으나 수상 동지께서 만족하실 만한 증거는 찾지 못했습니다"라고 답변했다. 김일성은 답변이 미처 끝나기도 전에 자리에서 벌떡 일어나 "증거고 뭐고 다 필요 없다. 오늘 밤에 목을 따버려!"라고 엄명했다. 시기가 시기이고 분위기가 분위기인 만큼 김일성의 엄명에 감히 이론을 제기한 간부는 단 한 명도 없었다.

방학세는 그 길로 내무성에 돌아가 예심처장 주광무를 불러 "오늘 밤 박헌영의 사형집행을 준비하라"고 지시했다. 이에 따라 김영철 내무성 중앙부장이 이날 밤 박헌영을 지프에 싣고 평양시내 변방 야산 기슭으로 가 방학세가 지켜보는 가운데 사형(총살)을 집행했다.

사형집행 직전 박헌영은 "오늘 죽을 것을 아니까 여러 가지 절차를 밟지 말고 간단하게 처리해주시오. 그런데, 수상께서 내 처와 두 아이를 외국으로 보내겠다고 약속해놓고 아직까지 약속을 지키지 않고 있소. 꼭 약속을 지켜달라고 수상께 전해주시오"라는 말을 남겼다.[6]

윤레나와 사이에 낳은 나타샤와 세르게이. 박헌영의 큰딸 박비비안나가 박헌영과 윤레나 사이에 낳은 나타샤를, 러시아인 유모가 아들 세르게이를 안고 있다. 박헌영이 평양에 남긴 아내와 두 자녀의 운명은 알려지지 않았다.

---

6   강상호의 증언에 따르면 박헌영의 기일은 1956년 7월 19일이 된다. 실제로 원경 스님은 그날 만기사에서 제사를 지낸다. 기일에는 서울대 정치학과 김세균 교수를 비롯해 많은 사람들이 해마다 참여하고 있다.

7
해군 특수부대 자원한 '박헌영 아들'

열일곱의 소년, 복수를 꿈꾸다

　이 책을 읽는 독자들에게 자문해보길 권하고 싶다. 만일 당신의 아버지가 누군가에 의해 억울하게 살해당했다면? 그때 당신은 무엇을 하겠는가?

　공연히 복수심을 부추기려고 던지는 질문이 아니다. 머리 깎고 승복을 입고 있던 만 열일곱 살 청소년의 마음을 헤아려보자는 뜻이다. 더구나 그 청소년은 "우리가 통일이 되어 남북이 하나가 되는 그때, 아버지는 개선장군이 되어 온다"고 믿고 있었다. 그런데 그 아버지가 김일성의 손에 죽었다? 원경 스님에게 당시 김일성에 대해 무슨 생각이 들었는가를 물은 이유다.

　스님은 아무 생각이 없었다고 회고했다. 하지만 과연 그럴까? 트라우마가 생길 수밖에 없다고 판단해 다시 캐물었다. 이야기하길 망설이는 게 역력했지만 마침내 스님은 예상대로 열일곱 살 청소년다운 심경을 회상했다.

손 정말 아무 생각이 없었어요?

원경 네. 아무 생각이 없었고, 세상을 돌아다니면서 그때부터 달라진 거예요. 농촌에 가서 일하는 데 거들어주고 밥 한 숟가락 얻어먹고. 어디 가도 돈 벌 생각 없고, 돌아다니다가 밥이 없으면 그냥 식당에 가서, 내가 청소라도 해주겠다고 했어요. 절에서도 제가 그런 걸 잘했습니다. 절에서 화장실 청소하는 것을 제일 예쁘게 보거든요. 근데 세상도 마찬가지입디다. 가서 더러운 화장실 청소부터 깨끗이 하고 더 청소할 거 없느냐고 물으며 대신 식은 밥이라도 달라고 하면 오히려 더운 밥에 고깃국이나 시래기 국 한 그릇 말아서 주고 그럽니다. 여기 좀 더 있으라 하는 분들도 있어요. 하지만 그냥 또 돌아다녔어요. 그런데, 요즘도 더러 그런 일이 있지만, 어떤 놈들이 식당에 들어와서는 술 먹고 돈 안 내고 깽판 부리고 그러거든요. 그럼 내가 힘을 썼죠. 바깥에 데리고 나가 쥐어박기도 하고 그러다 보면 잘못 건드려서 패거리들이 몽둥이 들고 돌멩이 들고 쫓아옵니다. 그러면 도망가요. 계속 싸울 필요가 없는 거거든요. 그러면서 세상을 보기 시작하는 거예요. 세상을 보기 시작하는데 제일 강렬하게 다가온 것은 4·19였어요.

손 사월혁명, 어떻게 보셨는지요?

원경 저게 혁명이구나. 저렇게 억눌렸던 사람들이 외치고 저렇게 피투성이가 되고 싸우고 잡아가고 하는데, 아버지가 바로 저런 일을 했던 사람이구나, 그 가운데 대장이었구나. 그런 생각이 번쩍 들었어요. 그 당시에는 인류가 걸어온 수천 년의 역사를 잘 몰랐을 때니까 그동안 억눌렸던 민중들의 항쟁으로 보지는 못했어요. 다만 아버지가 거기에 선각자 역할을 했던 사람이구나 생각했죠. 그래서 결심을 했어요. 사실 이 이야기는 내가 사석에서도 안 하는 건데…….

손 책이 나오는데 이젠 다 증언하셔야죠.

원경 아니, 그게 좀 뭐한데…….

손 다 열어 보이시죠. (웃음)

원경 좋습니다. 말씀드리죠. 떠돌다가 한 친구를 만나게 됐어요. 객지에서 친구를 사귀게 됐는데, 자기는 인제 고향에 가면 신체검사를 받아야 한다고 그래요. 그런데 그게 엄청 부럽더라고요.

손 고향 가서 신체검사 받는다는 게 그렇게 부러웠어요?

원경 네. 군대에 간다는 이야기를 들으니 아, 저도 갑자기 군대에 가고 싶은 겁니다. 그러다가 "야! 내가 너 대신 군대 가면 안 될까?" 그랬어요. 서로 다른 사람으로 살기로 한 거죠. 대신 친구는 그동안은 절대로 고향에 안 가는 것을 조건으로 했어요. 요즘처럼 주민등록이 잘 되어 있던 시대가 아니니까 누가 누군지 잘 모르더라고요. 실제로 내가 친구 대신 가서 신체검사를 받고, 해군에 지원했어요. 그래서 제가 해군 72기입니다.

손 아, 그러세요?

원경 해군 72기면 엄청나게 고참이거든요. (웃음)

손 어느 정도의 '위상'인지 충분히 짐작이 갑니다. (웃음)

원경 그런데 무엇보다 중요한 건 군대에서 느낀 점입니다. 제가 해군 가서는 뭐 했겠어요? 군대에서 훈련받으면서 배우는 게 뭡니까? "김일성 때려잡자" 아닙니까? 실제로 나는 그때 김일성을 때려잡아야 한다고 생각했어요. 내 아버지를 죽인 사람이니까요. 그래서 저는 특수부대를 선택했습니다. 유디티[1]에 지원해요. 거기서 진해 하수구란 하수구는 다 빠져 다니는 훈련, 그 무서운 수중폭파, 선반용접, 낙하훈련, 사격, 단검 쓰는 훈련 등을 하며 혹독한 나날을 보내죠. 그러면서 정말 김일성을 죽일 수 없을까 생각했어요.

손 그 심경이 헤아려지네요. 그 나이엔 충분히 그럴 수 있죠.

원경 훈련이 얼마나 지독했는지, 말도 못 해요. 그 험난한 훈련 다 받고 백령도에 배치됐습니다.

1 유디티는 1954년 창설된 해군의 수중폭파대(UDT, underwater demolition team)를 이른다. 적의 해안에 침투해 기뢰를 비롯한 수중 장애물과 해안포, 레이더를 제거하고 상륙하는 부대에게 각종 해안 정보들을 제공해주는 임무를 맡은 부대다. 1968년에는 폭발물 처리 임무가, 1976년엔 특수전 임무가, 1993년에는 대테러 임무가 각각 추가됐다. 결국 해상은 물론 육상·공중 어디서나 작전을 펼 수 있는 전천후 특수부대로 발전했다.

임무 성격상 UDT 훈련은 혹독할 수밖에 없다. 가령 12주간의 기초체력 훈련을 통과하는 사람들은 지원자의 40퍼센트 미만이라고 한다. 맨몸 수영 3.6킬로미터 이상, 오리발 수영 7.2킬로미터 이상, 턱걸이 40개 이상, 구보 40킬로미터 이상을 거뜬히 해내야 통과할 수 있다. 138시간 동안 잠을 한숨도 못 잔 채 고무보트 조정훈련·갯벌훈련·구보 등을 쉴 새 없이 하거나 무게 85킬로그램의 고무보트를 머리에 이고 밥을 먹는 훈련도 한다.

손 백령도에 근무했었군요.

원경 네. 백령도에서 생활하면서 이북도 갔다 온 거 같습니다. 사람을 태워서 어느 한 지점까지 데려다 주고 또 데려오는 임무였어요.

손 박헌영 아들이 그런 일을 했다는 사실은 여러모로 흥미롭습니다.

원경 그런데 문제가 생겼어요. 저와 약속했던 그 친구 녀석이 객지에서 외롭다며 명절 때 고향에 간 겁니다. 해군 유디티 대원이 되었다고 대단하다고 소문난 친구가 갑자기 나타난 거예요. 결국 들통이 납니다. 자, 그런 상황에서 어떻게 해야겠어요? 저는 탈영해야 한다고 생각했고 실제로 그렇게 했어요. 그런데 탈영해서 보니까 살 수 있는 길이 또 부처님 품 안입디다. 그래서 정확하게 1963년 초에 수덕사에서 살았어요. 다행히 그곳 스님들이 잘 봐주셔서, 꼬마들에게 무술도 가르치고 그러면서 지냈어요. 수덕사 최고의 어른 벽초 스님이 힘이 장사였어요. 수덕사는 스님들이 농사를 짓기 때문에 더러 젊은 스님들이 일할 때 막걸리 한 잔씩 하게끔 절집 어른들이 허락하곤 했어요. 큰스님이 말술을 드시던 분인데 저 아래 절 입구에 오셨다 하면 비상전화가 오거든요. 그럼 내가 밤중에도 단숨에 달려가 노인네를 부축해서 모시고 올라왔어요. 스님들이 나를 사람이 아니라고 했을 정도였어요. 그렇게 수덕사에서 지내던 어느 날 저녁, 보리밥을 짓고 있을 때 누가 나를 찾아왔다고 그래요. 그래서 나가보았더니 어떤 여인이 어린아이를 등에 업고서는 왔어요. 그 순간에 다리가 후들후들 떨렸어요. 현기증이 나면서 탁 주저앉았습니다.

어머니와의 첫 만남과 자살 기도

손 누구였나요?

원경 우리 어머니[2]였어요.

박헌영의 결혼식. 김일성이 박헌영 부부에게 꽃다발을 전해주고 있다. 1949년 9월 박헌영은 윤레나와 결혼식을 올렸다. 윤레나는 남로당 간부 조두원의 처제로 박헌영의 비서로 있었다.

2 앞서 언급했듯이 정순년은 갓 태어난 아기를 둔 채 부모 손에 이끌려 고향에 내려온 뒤 부모의 강권으로 1942년 인근 마을의 목수와 결혼해 다시 아이를 낳았다. 그런데 그 목수도 나중에 알고 보니 조선공산당 당원이었다.
목수는 한국전쟁 기간에 목숨을 잃는다. 정순년은 대전 역 앞에서 혼자 살며 가게를 열고 있었는데 어느 날 한산 스님이 나타나 13년 동안 당신 아이를 키워왔다는 이야기를 듣고 그때부터 스님을 찾아다녔다.

손 느낌이 오던 가요? 그때 처음 만나신 거죠?

원경 네, 내가 어머니 사진을 항상 품속에 넣고 다녔으니까요. 그런데 그 어머니가 어린아이를 등에 업고 나타난 겁니다. 잠깐 기다리시라, 사람들 밥상 좀 차려야 한다. 그러면서 그 자리를 일어났어요. 스님들 밥상을 다 차려주고 나서 보따리 싸서 그 길로 절을 나섰어요.

손 그럼 그 길로 수덕사에서 나오셨어요?

원경 네. 그렇게 헤매다가 강원도 원주에 있는 영천사에서 자살기도를 해요. 사는 게 덧없기도 하고, 이렇게 쫓기다가 헌병대 잡혀가서 무슨 험한 꼴을 당할지도 모르겠고. 그것보다도 어머님이 계셨다는 사실 자체가 보통 충격이 아니었습니다. 진작 알았다면 그리워하기라도 했을 텐데, 외로울 때 가서 멀리 그림자라도 보고 올 수 있었을 텐데, 커오면서 어머님이라는 존재 자체가 아예 제 머리에 없었거든요. 그런데 갑자기 어린아이를 데리고 나타나신 겁니다. 누구도 원망할 수 없었지요. 그저 모든 걸 끝내고 싶었습니다. 그래서 이것저것 약을 구해서 먹었어요. 깨어나 보니까 14일이 지났다고 하더군요. 원주 도립병원이었어요.

손 수면제 드신 거였나요?

원경 수면제도 먹었고, 하여튼 약이란 약은 죄다 사 모아 먹었는데, 그중에 비상이 들었던 것 같아요. 청산가리 종류지요. 그때 속을 다 버렸습니다. 위 세척할 때 식도하고 위장을 많이 버린 겁니다. 그런데 어떻게 아시고 한산 스님이 찾아오셔서 겨우 건강을 찾게 되었어요. 누가 명태 머리 같은 게 좋다고 해서 그것도 삶아서 국물만 먹었어요. 그런데 어느 할머니가 스님 저러다가 죽는다고 하면서 소변 치료법을 가르쳐주었어요. 소변통 있잖아요? 옛날에는 시골이나 절 한구석에 요만치 깨진 항아리가 있어요. 거기다 소변 보고 가득 차면 떠서 채마밭에다 뿌리곤 했었는데, 그걸 약으로 쓴 겁니다. 그 할머니가 소변을 바가지로 저어서는, 스님은 이거 먹어야 산다며 권해요. 참 죽겠다고 할 때는 언제고 그래도 살고 싶어서 냄새를 참아가며 그걸 먹었어요. (웃음) 그런데 정말 희한하더군요. 속이 편해져요.

손 오줌 먹는 민간요법을 들은 적이 있어요.

원경 정말 속이 편해졌어요. 그래서 아무도 없으면 슬쩍 밤에 가서 한 모금 먹고, 이빨 닦고 그랬어요. 옛날 어떤 글을 보니까, 송시열 선생이 오줌을 평생 잡수셨더군요. 또 나중에 문헌을 찾아보니까 4,000년 전부터 인도에서는 약으로 소변을 먹었어요. 중국에선 한 1,500년이 됐고, 일본에는 한 800년이 됐고요. 근데 사분율법에 보면, 부처님께서도 하신 말씀이 있어요. 요료법이라고 해서 똥과 오줌을 약으로 삼아요. 오줌을 황룡탕이라 해요. 항아리를 놓고서는 아침마다 오줌하고 똥을 봅니다. 그 위에다가 누룩을 바가지로 바닥이 안 보일 정도로 뿌려 덮어놓고 해서 어느 정도 차면 누룩과 고두밥을 위에 덮어서 넣고 땅에다 묻어요. 한 1년 지나서 꺼내 자루에 넣고 달아놓으면 아래로 물이 한 방울 한 방울 떨어지거든요. 그걸 마시면 약이 됩니다. 인분 냄새는 전혀 안 나요. 매 맞고 고문당했을 때 이것보다 더 좋은 약은 아직은 없어요. 이것이 제일이고, 두 번째는 대나무를 인분통에 오래 넣어두었다가 씻은 뒤 자르면 그 안에 고인 물이 있는데, 그걸 먹는 겁니다. 이 경우는 냄새가 독해요. 세 번째는 병에다가 솔잎을 채우고 똥통에 넣고서는 나중에 건져 씻어내고 바로 마시기도 했어요.

아무튼 그렇게 살아나서 한산 스님하고 여행을 떠나게 됩니다. 울릉도도 가고, 그러면서 오늘 제가 지금까지 해온 말을 다 들은 겁니다. 아버지 이야기는 물론 혁명이나 투쟁사, 여러 인물 이야기를 상세히 들었어요. 그렇게 여행을 다녀온 뒤 자수했습니다.

손 탈영한 걸 그렇게 풀었군요.

원경 그때는 군대 사람들이 제 신분에 대해서 전혀 모르고 있을 때입니다. 그래서 제가 특전단에서 2년 동안 교관 노릇을 하기도 했어요. 거기에는 대령이고 장군이고 계급장 떼고 훈련받으러 와야 합니다. 그때도 여전히 김일성을 죽이는 일을 꿈꾸기도 했습니다. 그런데 그런 생각도 한산 스님으로부터 가르침을 받고 서서히 이겨냈습니다.

손 한산 스님이 어떤 가르침을 주시던가요?

원경 한산 스님이 사실을 역사적으로 보라고 일러주었습니다. 아버지의 죽음은 역사가 심판하고 다뤄야 할 것이지, 인간이 인간을 상대해서는 안 된다고 했어요. 그러니까 김일성이 아버지를 열 번 죽였다 하더라도 그것은 역사가 심판할 문제지, 네가 가슴에 담아둘 것은 아니라는 거였습니다. 쉽게 말해서 김일성이 아버지를 꼭 죽이고 싶어서 죽였겠느냐는 거죠. 한산 스님은 저에게 네가 평생을 살아보라고 했어요. 멀쩡한 너를 음해하는 놈도 있을 거라고 했는데 실제로 그렇더군요. 제 도움을 받은 사람이 오히려 저를 해코지하는 겁니다. 보통 사람들도 그런데 하물며 정권 욕심이 있는 사람이 주변을 그냥 두겠습니까? 또 예를 들어서, 아버지가 그럴 분은 아니라고 생각하지만, 김일성과 입장이 바뀌었다면 비슷한 결과가 있지 않았을까 싶어요. 정권이라는 것을 일단은 차지해야 무슨 일이든 자기가 구상하는 세계를 이루는 것 아닙니까? 그렇게 생각하니까 김일성한테 보복해야겠다는 생각이 딱 떨어지더라고요.

손 그러셨어요?

원경 네. 거시적으로 보니까 내가 김일성을 원망하고 미워하고 그럴 이유가 없어요. 오히려 아버지를 원망한 적은 있어요. 아버지가 남쪽에서 돌아가셨으면 어땠을까 싶은 거였죠. 끝까지 남쪽에 남아 평화통일을 위해서 싸우다 돌아가셨다면 훨씬 좋았을 것 같아요. 이건 제가 철이 들면서 한 생각입니다.

윤레나와 큰딸 비비안나. 1949년 8월 주세죽 사이에서 태어난 큰딸 비비안나(앞줄 왼쪽)를 평양으로 초청하여 새 부인 윤레나와 함께 찍은 기념사진.
이때 박비비안나는 평양에서 한 달간 머물렀고 9월에 치러진 두 사람의 결혼식을 보고 모스크바로 돌아갔다. 박헌영의 모습이 참 밝아보인다.

이현상은 사살당하지 않았다

손 그러면 한산 스님은 이현상의 죽음을 어떻게 말씀하시던가요? 이현상의 죽음은 아직도 진실이 다 밝혀지지 못했는데요.[3]

원경 저는 훗날 지리산을 몇 번이나 가보았는데요. 옛 그림자처럼, 추억이라면 추억이고, 슬픈 기억이라면 슬픈 기억이고 해서 갔지요. 그런데 저는 지금도 이현상 선생에 대해서 돌아가셨다고 판단을 못 내려요.

손 그러세요? 그것 또한 새로운 이야기인데, 근거가 있나요?

원경 아까도 이현상 선생이 암살 위협을 받았고 그래서 닮은 사람을 내세웠다고 말씀드리지 않았습니까? 한산 스님은 저를 백운산으로 보낼 때, 이현상 선생이 오실 걸 확신했기 때문에 보냈을 것 아닙니까? 직접 스님께 묻지는 못했지만, 정황상 뭔가 약속이 되어 있었다고 봐야 해요.

아무튼 그렇고, 그 뒤 남북 휴전협상이 이뤄지고 지리산에서 이현상 선생이 죽었다는 사실이 알려집니다. 그런데 시체를 확인한 한산 스님이, 이건 내가 말을 잘못하면 안 되는데, 죽은 사람이 이현상이 아니라는 말씀을 해요. 시신을 어디서 어떻게 보셨는지 그건 모르지만 그런 말씀을 했습니다.

손 이승만 정부가 창경궁에 이현상의 시신이라며 전시했었어요.

원경 전시할 때쯤에는 시신이 부패하고 퉁퉁 부었을 겁니다. 그래도 한산 스님은 알아챘을 거예요. 사람은 아무리 살이 찌거나 말라도 눈, 코, 귀는 안 변하거든요. 시체 확인하는 데는 코와 귀가 중요하죠.

손 그런데 한산 스님 보시기에 그게 이현상 선생의 시신이 아니었다는 거죠?

원경 네. 그리고 차일혁, 당시 이현상을 사살한 경찰의 지휘관이던 차일혁의 아들이 있는데요. 이 양반이 내게 한 말이, 자기 아버지가 말하기를 우리 쪽에서는 빨치산 대장 이현상에게 총을 쏜 사람이 없다는 겁니다. 그렇다면 사살이 아니라는 거죠. 자결 아니면 자기네 대원 속에서 죽였다는 건데요. 그런

3 공식적으로는 이현상을 경찰이 사살한 것으로 알려져 있다. 하지만 이현상을 사살한 부대로 알려진 경찰 제2연대장이던 차일혁은 부하들로부터 사실은 죽은 시체를 발견했을 뿐이라는 사후 보고를 받았다고 토로했다. 박갑동은 북에서 이현상을 암살했다고 주장하며 그 근거로 휴전 뒤 평양에서 만난 빨치산의 증언을 들었다. 나는 소설 『마흔아홉 통의 편지』(들녘, 2005)에서 이현상의 죽음을 '사실상 자살'로 그렸다.

말을 자기는 수차례나 들었다고 합니다. 게다가 당시 전투에서는 빨치산 대장인 이현상을 생포하는 게 목표였을 거예요. 정 안되면 허벅지라도 쏴서 생포해야 했는데, 죽였다는 것은 이해하기 어렵습니다.

손 그 주장은 앞에 이야기와는 다르네요. 이현상이 죽기는 죽었다는 거니까요.

원경 그런데 다른 이야기들이 더 많아요. 이현상 선생이 지리산 빗점골에서 그렇게 가셨다고들 하는데, 처음에 시신을 확인한 사람이 그의 사촌인가 육촌인가 그렇습니다. 그 사람이 시신을 보고 이현상이 맞다고 해서 판가름했다고 하거든요. 그런데 바로 그 사람이 나중에 말하기를 자기는 이현상을 열 몇 살 이후로는 본 적이 없다는 겁니다. 경찰이 이현상이 맞느냐고 그래서 그렇다고는 했지만, 솔직히 자기는 분간할 수 없었다고 했대요.

손 그럼 그때 죽지 않았을 수도 있었겠네요, 실제로?

원경 그 친척 이야기도 차일혁 집안에서 나온 말이에요. 이현상 선생을 사살했다는 경찰 측 주장에 하나 더 의문이 드는 것은 소설가 안재성 씨가 가져온 이현상 선생 사진입니다. 어떤 기자가 이북에 갔을 때 애국열사릉[4] 비석에서 찍은 사진인데 제가 볼 때는 이현상 선생의 사진이 아닙니다. 왜냐하면 사진 속 인물은 살이 쪘는데 지리산에서 활동하던 이현상이 살찔 여유가 전혀 없어요. 더 큰 문제는 그 사진 속 인물과 실제 이현상 선생의 귀가 틀려요. 아까도 말했듯이 사람은 아무리 겉모습이 달라져도 눈, 코, 귀는 안 변하거든요. 그래서 저는 의구심을 가질 수밖에 없습니다.

손 만약 죽지 않았다면, 그래서 그때 '확인'된 이현상의 시신이 그와 닮은 사람의 그것이라면, 이현상은 지리산에서 무사히 내려와 어디로 갔을까요?

원경 모르죠. 여기에서 한 가지만 더 이야기합시다. 한산 스님도 1968년에 잠적을 하셨어요. 그 이후 그분의 행방을 전혀 모릅니다. 1971년에 남쪽 홍도에서

4 이북에는 남쪽의 '국립 현충원'에 해당하는 국립묘지로 '혁명열사릉'과 '애국열사릉' 두 곳이 있다. 1975년 평양시 대성산에 건립된 혁명열사릉은 9만여 평 대지에 200여 명의 혁명열사가 묻혀 있다. 평양에서 발간된 '조선말 대사전'은 '혁명열사'를 '노동계급의 혁명 위업을 실현하기 위해 몸바쳐 싸우다가 장렬하게 희생되었거나 빛나는 생애를 마친 투사'로 정의한다.

혁명열사릉에는 김정숙(김정일 생모), 김철주(김정일 숙부), 김형권(김일성 숙부)을 비롯해 항일혁명 투쟁 중에 사망한 사람들과 빨치산 출신의 고위간부들이 묻혔다.

애국열사릉은 1986년 9월 평양시 신미리에 건립했는데 똑같은 9만여 평의 부지에 520여 명의 애국열사가 묻혀 있다. 조선말 대사전은 애국열사를 '조국과 인민을 위하여 원수와 싸우다가 장렬하게 희생된 투사'로 정의한다. 애국열사릉에 이현상을 비롯해 김삼룡, 홍명희(월북 인사) 등이 묻혀 있다. 물론, 여기서 이현상 묘는 가묘다.

스님을 봤다는 사람이 있었어요. 그러면서 하는 말이 스님이 통통 부어서 바닷가에 나와 있는데 병색이 너무 짙더라, 너하고 다니던 스님 거기서 내가 봤다, 그런데 중도 아니고 속인도 아니고, 어부도 아닌 것 같더라는 겁니다. 그래서 제가 홍도로 내려갔어요. 물론 만나지는 못했어요. 내가 왜 이 이야기를 하느냐면, 한산 스님의 그 이후 행보를 전혀 알 수 없거든요. 한가지 궁금한 것은 있어요. 김대중 선생이 납치당하기 전에 관여한 한민통이라고 있죠?

손 김대중 전 대통령이 일본에 있을 때 참여한 한국 민주회복 통일촉진 국민회의를 말씀하시는 거죠?

원경 그때 한민통의 고문 명단이 나오던데 그중에 김제술이 나와요. 한산 스님과 이름이 같죠. 그 사람이 한산 스님이라고 단정하진 못하지만 어쨌든 이름이 같더라고요. 사진을 보면 확인할 수 있을 텐데……. 만일 그 사람이 동명이인이라면[5] 한산 스님은 어디선가 과거를 회고하면서 젊은 세대들, 훗날의 이 나라 동량들한테 기대하면서 그런 꿈을 가지고 조용히 살다 가셨는지 모르겠어요. 만일 이현상 선생님이 살아남으셨다면, 그분도 국내든 어디든 그렇게 생을 마감하지 않았을까 싶습니다. 두 분 모두 살아계신다면 지금 100세가 넘으니까 사실상 돌아가셨다고 봐야지요.

손 그렇군요. 이현상이 1905년생이고 한산 스님은…….

원경 1910년생이니까요. 가장 정확히 알 수 있는 분은 아까 말씀드린 이현상 선생의 여인 즉, '산상의 여인'인데요. 이현상 선생의 시신을 이분이 확인했어야 해요. 사살 발표 당시 그분이 감옥에 있었으니까 가능했을 텐데요.

손 이현상 아들을 낳았다고 하던데요.

원경 아니, 이현상 선생 아들은 본래 부인 사이에 있어요.

손 그 아들 말고 산중의 여성 빨치산이 임신한 상태로 내려왔답니다.

원경 아, 그럴 수도 있겠네요. 아무튼 이현상 선생이 죽었다는 소식을 접한 후

결혼식 피로연. 피로연장으로 이동하는 스티코프(초대 소련대사), 김일성, 박헌영, 김두봉.

한산 스님이 제일 먼저 한 일이 저를 데리고 이현상 선생의 자녀를 찾아다니는 거였어요. 그런데 결국 못 찾습니다. 그런데 김대중 대통령이 평양에 갔을 때, 뉴스에 그분 따님이 나옵디다.

손 네. 가족들은 모두 월북했었다고 들었습니다.

원경 그런데 나이가 정확한지 잘 모르겠어요. 나이가 나보다 많아야 하거든요. 어쨌든 김일성대학까지 나왔더군요, 뉴스에는 딸만 나오던데 아들도 있습니다. 아, 이현상 선생 자식들은 저쪽에서 살아 있었구나 하는 생각을 하니까 언뜻 내 동생들도 북에서 저런 식으로라도 살아 있을까 하는 생각이 들었어요.

손 말씀하신 동생들은 박헌영 선생이 월북해서 결혼한 분과 사이에 태어난 아이들을 말씀하시는 거죠?

원경 그렇습니다. 윤레나와 결혼해서 나온 아이들이지요. 윤레나가 소련식 이름이고, 한국명은 윤옥일 겁니다. 그분이 낳은 딸 이름이 나타샤였어요. 딸이 전쟁 전에 태어났고 아들 세르게이는 1951년생인가, 52년생인 것 같아요.

손 이름을 왜 러시아식으로 지었을까요?

원경 글쎄요. 그런 것은 제가 알 수가 없죠. 어쨌든 한산 스님도 아버지의 다른 자식들에 대해서는 잘 모르시는 것 같았어요.[6] 해주를 왔다갔다하기는 했지만 그런 것은 모르지요. 동생들이 북쪽에 살아 있다는 것은 모스크바에 사시는 누님이 증언해주셨어요. 누님하고 찍은 사진도 남아 있으니까요. 아버지가 윤레나 여사와 결혼할 때 김일성이 꽃다발 주는 사진도 있어요. 누님은 최승희에게 무용을 몇 수 배웠다고도 했어요. 누님은 본래 무용수이니까요.

6 박헌영이 아이들 이름을 러시아식으로 지은 이유를 당시 평양에 있던 박갑동은 박헌영이 이미 자기에게 다가오는 운명을 감지하고 있었기 때문이라고 분석했다. 비서 출신의 아내가 1952년 둘째아들을 낳을 때 폭격이 심한 이북을 떠나 모스크바에서 해산한 것도 박헌영의 의도였다는 것이다. 민족성을 잊어서 러시아식 이름을 지은 게 아니라 박헌영이 자기가 죽고 난 뒤에도 처자식만은 소련에서 무사히 살아남아 주기를 마음속으로 기대했다는 설명이다(《중앙일보》 1973년 9월 15일자).

이와 관련해 윤레나가 1951년 모스크바에 출산하러 갔을 때, 그녀가 비비안나에게 박헌영이 김일성에게 탄압받고 있다고 불안해했다는 증언도 있다. 다음은 비비안나가 강상호에게 전한 증언이다.

"1952년 봄 남동생을 낳기 위해 모스크바에 왔던 평양의 새어머니가 '지금 평양의 정가는 이상한 기류가 흐르고 있다. 너의 아버지와 김일성 사이가 좋지 않다'며 평양의 분위기를 전해 주었다. 내가 스탈린의 대숙청을 떠올리며 새어머니에게 분위기가 그렇다면 평양에 돌아가지 말고 모스크바에서 함께 살자고 붙잡았으나 새어머니는 '외로운 아버지를 혼자 두고 나 혼자만 모스크바에서 살 수 있겠느냐. 김일성의 총밥이 되더라도 평양으로 돌아가 아버지의 혁명사업을 도와야 한다'며 평양으로 돌아간 후 소식이 끊겼다."(《중앙일보》 1993년 3월 22일).

8
수도승 사이에서도 불거진 '색깔공세'

"빨갱이의 자식을 쫓아내라!"

　박헌영의 아들 병삼. 그는 일찌감치 어린 나이에 산사로 들어갔다. 시대가 그에게 다른 선택을 허용하지 않았다. 승적을 보면 정식으로 수계를 받은 시점은 1960년이다. 하지만 이미 1950년부터 절에서 생활해왔다. 그렇게 따진다면 60년 넘는 인생을 절에서 보낸 셈이다. 더구나 그는 현존하는 한국 최고의 선승으로 꼽히는 송담 큰스님의 맏상좌다.

손 그럼 이제 스님으로 살아오신 역정을 짚어보죠. 스님께선 송담 큰스님을 언제 만나신 건가요?

원경 정확하게 1959년 아니었나 싶어요. 떠돌아다녔던 시절이죠. 서류상에는 1960년으로 되어 있을 겁니다. 인천에 보각선원이라고 있어요. 조그마한 시내 포교당이죠. 여기에 우리 송담 스님이 사실은 얹혀서 사신 거예요. 아무 직책 없이 어른 대접 받고 계셨죠, 왜냐하면 한국의 최고 도인이시니까요. 송담 스

1996년 8월 동국대학교에서 사회복지학 석사학위를 받은 원경. 원경은 평택 만기사 부설로 연꽃유치원을 운영하고 있다. 스님의 오른쪽은 모친 정순년.

님 이야기를 하려면 당신의 스승이신 전강 스님부터 이야기해야 합니다. 전강 조실(祖室) 스님은 열여섯 살에 중이 되어서, 스물두 살에 견성오도(見性五道)해요. 아주 전무후무한 분입니다. 스물다섯 살에 선종 77대 법통을 이어받아요. 한 분한테 인가받은 게 아니라 당시 만공, 용성 스님을 비롯한 6대 선지식, 그러니까 한국 최고의 스님들로부터 모두 받았어요. 이 또한 전에도 없었고 아직까지도 없는 일입니다. 전무후무한 그 사자에서 사자 새끼가 탄생한 겁니다. 송담 스님이 그런 분이시거든요. 1959년 당시에 지금 현재 인천 용화사[1] 자리에 어떤 비구니가 머물고 있었는데, 그 여승이 신기가 있었어요. 만신절 비슷한 절이었는데 그걸 사서 흙 파서 흙벽돌 찍고 그걸로 지금의 용화사를 짓기 시작한 겁니다. 도인 스님이 계시니까 절이 조그마해도 거기서 공부하고 참선하려는 스님들이 몰렸어요. 당시 군대에 있던 저는 제대하면 거기서 일하다가 정식으로 중이 되어야겠다고 생각했어요. 그래서 수계를 해서 걸망 지고 살며 이곳저곳 다니다가 수덕사도 가 있고 그렇게 된 겁니다.

손 박헌영의 아들이라는 사실이 불교 내부에서도 문제가 되었던 적이 있나요?

원경 그럼요. 1980년대 초에, 정확하게 말하자면 1983년도에 송담 큰스님이 저에게 용주사 주지를 하라고 했을 때입니다. 지는 분명히 니한테 해코지할 사람이 있을 것이라고 판단해서 스님께 주지를 할 의사가 없다고 분명히 말씀드렸어요. 그랬더니 스님께서 뭐가 문제냐 하시더군요. 네가 세상에 태어나 죄진 게 없는데, 네 아버지는 아버지고, 너는 너고, 너는 승려로서 문중의 대표가 지시하는 걸 따르면 된다고 하셨어요. 이어 그런 걸 지금까지 떨쳐버리지 못했느냐고 나무라셨어요. 저는 그래도 세상이 그렇지 않다고 생각했지요. 물론 송담 스님께선 좀 섭섭하실 수 있죠. 당신의 말씀을 거역하니까요. 그런데 서울 종로 조계사 근처에 있는 여관으로 몇몇 스님들이 저를 부르더라고요. 갔더니 그동안 친하게 지냈던 도반이 "너 이 새끼! 아주 나쁜 놈"이라고 눈을

1 용화사는 1950년 봄 청신녀 정금강심이 기린산 남산 주안신사 터에 용해사(龍海寺)를 세우면서 시작했다. 1955년 전강대종사를 조실로 추대하고 용화사(龍華寺)로 사명(寺名)을 바꾸었다. 1961년 전강(田岡) 조실 스님께서 사부대중이 정진하는 법보선원을 개설하셔서 수많은 운수납자를 제접하였다. 1975년 조실 스님 열반과 동시에 전법제자인 송담 스님께서 원장으로 취임했다. 1980년 중창불사했다.

부라리더군요.

손 그분도 송담 스님 문중인가요?

원경 아닙니다. 그 도반이 "나쁜 놈의 자식 너 인마, 빨갱이 새끼라며?" 해요.

손 스님들이 모인 자리에서 내놓고 그런 말이 오간 건가요?

원경 그럼요. "너 본사 주지 못 하겠다." 그러더군요.

손 본사 주지 자리를 놓고 스님들 사이에 그런 이야기가 오갔다는 사실에 서글픔마저 느껴지네요. 비슷한 일이 더 있었나요?

원경 같은 문중 스님과도 그런 일이 있었어요. 그 스님은 한때 서북청년단 행동대원이었습니다. 한번은 그 스님이 만나자고 해서 한정식집에 갔더니, 대뜸 "큰스님 옆에 앉아서 장난치지 말라"고 하더군요. "말 듣지 않으면 네 인생 모든 걸 까발릴 거야"라고 하기에 "무슨 소리요?" 했죠. 그랬더니 곧장 "너 인마 박헌영이 아들 아니야?"라고 묻더군요. 그 순간 참을 수 없었어요. 벌떡 일어나서 발로 그의 배를 차버렸습니다.

손 그런 일이 있었군요?

원경 제가 그 사람을 걷어차면서 "야! 박헌영이가 네 집 아들 이름이야? 자식아!"라고 소리 질렀어요. 이어 "너 인마 지금 누구한테 겁주는 거냐? 나, 세상에 태어나서 죄진 거 없어. 내 아버지를 함부로 갖다 붙이지 마"라고 했지요. 그러다 흥분을 가라앉히고 다시 마주 앉았습니다. 술 한 잔 따라 그 스님에게 건네며 "내 아버지에 대해 그런 식으로 말하지 마라"고 했지요. 그러니까 "실언을 했다"고 사과하더군요. 문중 스님이 그런 이유도 본사 주지를 누구로 하느냐 하는 문제와 관련된 것이었어요. 그래서 제가 분명하게 말해주었어요. 나는 꺾이지 않는 사람이다, 강하게 나오는 사람한테는 절대 굽히지 않는다고 말이죠. 제가 여태까지 살아오면서 남한테 미움받고 했던 것이 바로 그런 이유이기도 하고요.

손 그런데 스님이 박헌영 아들이라는 사실을 그 스님들은 어떻게 알았던 걸까요?

원경 정보기관에선 이미 진작부터 알고 있었어요. 1983년에 제가 교통사고를 당했습니다. 소설가 김성동하고 원주에 있는 김지하 선생 집에 가서 있다가 밥 먹고 돌아오는 길이었어요. 김성동 선생이 월정사에 잠깐 들르자고 해서 가던 길이었어요. 그 당시에는 영동고속도로가 2차선이었습니다. 그래 한 차선으로 가다가 건너편에 오는 차가 없으면 앞지르기를 하기 일쑤인데요. 맞은편에서 트럭 두 대가 서로 앞서거니 뒤서거니 하더라고요. 그러다가 사고가 납니다. 제가 그만 트럭을 피하려다 핸들을 너무 꺾어 낭떠러지로 떨어졌어요. 그 사고로 김성동 선생은 머리를 다쳐서 뇌수가 흘러나올 정도였고 운전하던 저는 핸들에 가슴을 부딪쳐 갈비뼈가 아홉 개나 부러졌습니다.

손 살아나신 게 정말 다행입니다.

원경 그 몸으로 한 달 동안 돌아다녔거든요. 제가 중고차를 샀는데 사고 처리를 해서 보험 혜택을 받으려면 차를 판 사람의 사인을 받아와야 했는데 그분을 찾아서 헤매다 보니까 그리됐어요.

손 아니, 갈비뼈가 아홉 개나 부러졌는데 괜찮으셨어요?

원경 아프지요. 보통 아픈 게 아니에요. 잠을 자려고 자리에 눕는 데 한 40분 정도 걸립디다. 그 정도로 고통스러워요. 제가 젊어서 싸움을 많이 했거든요. 그러다 잘못 맞으면 며칠씩 결리고 아팠기에 그 정도로만 생각했어요. 갈비뼈가 그렇게 많이 부러졌을 거라고는 생각 못 했습니다. 그런데 주변에서 병원에 가보라고 하기에 가서 진찰을 했습니다. 흉부외과에서 엑스레이를 찍어보더니 의사가 깜짝 놀라요. 그때야 제 상태가 심각한 걸 알았죠. 의사가 "당신 사람이냐?" 하고 물어요. 그 상태로 어떻게 지냈느냐는 뜻이겠지요. 그래서 제가 "사람이면서 중이요." 이랬습니다. (웃음) 그래서 병원에 입원해 누워 있는데 누가 제 옆에서 감시를 해요.

안기부, 아버지의 이름을 묻다

손 치료받고 있는 병원에서요?

원경 네. 그래서 이상하다 생각했어요, 큰스님이 어떻게 소식을 알고 달려오셨어요. 담당 흉부외과 과장을 만나서 상태를 물어보시고 의사가 엑스레이 사진을 보여주니까 대뜸 이렇게 말했대요. "나 이걸 보러 온 것이 아닙니다. 애가 고문을 당해서 이런 것입니까, 교통사고입니까?"

손 송담 스님께서 걱정이 되어 확인해보고 싶었던 거군요?

원경 제가 병원에 입원하자, 원경이 안기부에 가서 고문을 받아서 병신이 됐다는 식으로 절 집안에서 소문이 돌았다더군요. 실제로 안기부에다 제가 박헌영 아들이라는 사실을 고발한 스님도 있어요.[2]

손 그런 스님들을 겪으면서 마음이 참 아프셨겠어요.[3] 깨달음을 추구하는 분들 사이에서도 세속과 다름없는 일들이 벌어졌군요. 그나저나 그때 아주 큰 사고였던가 봐요?

원경 네. 사고 당시 저도 기절했었는데 다행히 굴러 떨어진 차에 불이 나지 않았어요. 불이 났으면 그때 죽었을 겁니다. 사람들은 차가 저를 살렸다고 하지만 저는 귀신이 살렸다고 생각해요. 나중에 자동차 수리를 위해 공장에 가서 보았더니 차 앞부분이 아예 없을 정도로 박살이 났더군요. 사고 당시 깨어나 옆을 보니까 김성동 선생이 있는데, 뇌수가 바깥으로 나왔습디다. 가까스로 끄집어내니까 김성동 선생이 정신이 돌아오면서 손이 뇌수로 가는 거예요. 그때 문득 든 생각이, 저는 아무 상식이 없었는데, 거길 맨손으로 만져서는 안 될 것 같아요. 그래서 제가 허리띠를 풀어 그 양반 손을 뒤로 묶어버렸습니

2 스님은 절집 내부에서 어떤 스님이 그런 소문을 퍼트렸는지 증언했다. 아울러 누가 정보기관에 고자질했는지도 실명을 들어 소개했다. 놀랍게도 그들은 조계종에서 누구나 알 만한 스님들이다. 이미 돌아가신 스님들이기에 이 책에선 그 스님들의 실명을 밝히지 않았다.

3 실제로 원경 스님은 고자질한 스님을 찾아가던 길에 동해바다를 바라보며 대성통곡한 일화도 들려주었다.

다. 손을 묶고, 등에 업고, 길로 올라왔어요. 생각해보세요. 갈비가 아홉 개가 부러졌다고 이야기했죠? 당시 저나 김성동 선생이나 얼마나 피투성이였느냐 하면, 경찰이 왔는데, 자기들 차에 안 태워줘요. 지나가는 화물차를 세워서, 원주 병원으로 가라고 합디다. 그래서 그 마을 사람이, 농부인지 나무하러 온 사람인지는 모르겠지만, 같이 거들어서 원주까지 왔어요. 원주 기독병원에 와서 김 선생을 눕혀놓았지요. 그 순간부터 정신이 흐릿해지더군요. 김지하 선생에게 전화를 하면 될 텐데 하는 생각을 못 한 거죠. 병원을 나와 김지하 선생 집을 찾는데 생각해보세요. 머리 박박 깎은 중이 피투성이가 되어서 시내를 돌아다녀요. 가까스로 집을 찾아 김성동 선생이 원주 기독병원에 있다고 이야기한 뒤 정신을 잃더래요. 그것이 나중에 술안주가 되어가지고, 저 사람 빨갱이야, 뭔 이야기만 나오면, 빨갱이라 하더군요. (웃음) 나는 내 할 일을 한 것뿐인데요.

손 그 와중에도 병원에서 스님을 감시하던 사람은 안기부 요원이었나요?

원경 네, 안기부 요원이었어요. 제가 입원한 병원에 누가 왔다 갔다 하는지, 뭐 했는지 체크했어요. 안기부에서 데려다가 반 죽여놓았다고, 멀쩡한 사람 반병신 됐다고 헛소문들이 자꾸 번져나가니까 더 그랬지요. 아무튼 그때 제가 송담 스님이 계신 용화사를 나와 여주 서래암으로 옮겨 왔어요. 그런데 누가 와서 연락처를 남겼다기에 전화를 했더니, 저를 꼭 봤으면 좋겠다고 해요. 장소를 저더러 정하라고 하더군요. 호텔도 좋고, 그쪽에서 찾아오는 것도 좋고, 어디든 좋으니 만나자고 해요. 혹시나 해서 저도 만나는 장소 바깥에 사람을 배치해 두었습니다. 가 보니 세 분이 왔습디다. 서로 인사하고 나자 첫 마디가 아버지 함자가 어떻게 되냐고 묻습디다. 저는 모른다고 그랬어요.

손 그 사람들도 안기부 요원들이었군요?

원경 함자가 이떻게 되느냐? 자꾸 물어도 난 모른다, 아버지에 대해서는 아무

것도 모른다고 계속 그랬어요. 제가 당시 호적상에, 주민등록상에는 이름이 남궁혁이었거든요. 처음에는 아예 호적이 없었는데 1972년도에 수원에서 재판을 통해 가호적을 만들 때 쓴 이름입니다. 검문소마다 주민등록 묻고, 예비군 수첩을 검열하던 시기였기에 돌아다니려면 가호적이 필요했어요. 그렇게 이름이 남궁혁이라고만 말하고 다른 질문엔 일체 대답하지 않았습니다. 그랬더니 그중 한 사람이 "스님 제가 몰라서 묻는 게 아니라 스님 입으로 직접 들어야 할 일이 있기 때문입니다. 규정이 그렇게 되어 있습니다." 그러면서 우리 외에 12년 전부터 저를 관찰하고, 담당하는 사람이 따로 있다고 밝히더군요. 그러면서 자기들이 보이지 않게 저를 보호해왔다고 하더군요.

손 안기부가 스님을 보호해왔다는 건가요?

원경 그 사람이 말하기를, 저에게 잘 생각해보면 알 거라고 하더군요. 생각해보니, 아까 절 집안 상황 이야기했잖아요? 고발도 당하고 수배도 당하고 그랬는데 그럴 때마다 언제부턴가 그런 고발, 수배가 슬그머니 없어져요. 이게 다 안기부에서 해결해준 거라는 거죠. 경찰서 정보과 사람들이 안기부에 보고하면, 살인 같은 큰 범법행위 아니면 그냥 넘겨라 하는 대답이 돌아온 거죠. 그런 이야기를 하기에 제가 대답했어요. "아버지 함자는 헌 자 영 자 쓰시는 걸로 알고 있다." 그러면서 묻는 이야기에 모두 답해주었습니다. 하지만 아버지에 대한 기억은 저 자신이 거의 없었으니까요. 구체적인 이야기는 못 한 것 같습니다.

손 이야기 나눈 다음에는요?

원경 그게 1983년이었는데 이야기 다 마친 뒤에 뭐 하나를 쓰라고 종이를 내밉디다. 오늘 자기들과 주고받은 대화는 그 누구에게도 말하면 안 된다고 하더군요. 제가 바깥에 사람들을 배치해둔 것도 이미 다 알아요. 그러면서 계속 보호해줄 테니 겁먹지 말라면서, 단 어디에서 시국성명서 같은 데 서명해달라고 하면 그러지는 말라고 강조했어요. 지금처럼 편하게만 사시면 스님한테 문제될 게 아무것도 없다, 무슨 일이 생기면 전화번호를 적어줄 테니까, 연락해서 상의하라는 등등의 이야기를 하고 헤어졌어요.

역사문제연구소와의 인연

손 안기부가 스님이 박헌영 선생 아들이라는 사실을 12년 전에 알았고 이후로 보호해왔다고 주장했는데 스님도 그 사실을 알고 있었나요?

원경 그럼요. 1972년이었어요. 제가 그때는, 지금은 수원사라고 되어 있는, 용주사 포교당에 있었어요. 제가 잠시 거기 주지를 했었는데 그때 수도경비사라고 했지만, 보안사령부 소속인 것 같은 사람들에게 끌려가서 반 죽다가 살아온 적이 있습니다. 그때 제가 아버지 이야기를 처음 했습니다.

손 1972년이면 박정희가 유신을 선포된 해인데요?

원경 1972년 10월 28일 저녁입니다. 계엄이 선포된 직후였는데 그때 통행금지가 밤 10시였을 겁니다. 그 시간이 넘어서 누워 자고 있는데 누가 방문을 열고 들어오더라고요. 어떤 스님이 들어왔나 하고 그냥 누워 있는데, 전혀 듣지 못했던 목소리가 나는 겁니다. 불을 탁 켰더니 군화가 보이더라고요. 순간 방바닥을 짚으면서 돌려차려고 했어요. 그러니까 그 사람이 물러서면서 이러지 말고 그냥 일어나서 옷 입으시라고 하더군요.

손 스님 싸움 실력은 무술과 실전으로 단련되었죠? (웃음)

원경 네. 그래서 옷을 입었어요. 그랬더니 밖에서 또 사람들이 들어와요. 군복 입은 사람들인데 마지막으로 들어온 사람은 사복이었어요. 수경사(수도경비사령부)에서 나왔다고 합디다. 근데 나중에는 그 사람들이 보안사에서 왔다는 얘길 어디서 들었어요. 아무튼 그 사람들이 말하길 여기는 장소가 좀 그러니까 앞에 다방에 가자고 하더군요. 몇 마디 물어볼 게 있다는 겁니다. 그렇게 합시다 하고 따라 나왔어요. 나오니까 스님 한 분이 놀라며 무슨 일이냐고 묻기에, 나도 모르겠다며 이 사람들과 나가서 차 한잔 하고 오겠다고 했어요. 절 밖에 나가니까 검은색 고급 승용차가 기다리고 있는데, 차 번호를 가렸더군요. 자세히 보니 별 한 개는 되는 거 같았어요. 그 사람들이 말하길, 우리가 가져온 찬데 급하니까 타고 가자고 해요. 거기서 내가 머리가 안 돌아간 겁니다. 방심했지요. 사복 입은 사람은 앞자리에 앉고, 나는 뒷문을 열어주기에 거기 탔습니다. 그런데 앉다 보니 가운데인 거예요. 저를 두고 그 사람들이 양쪽에서 에워싸는 형국이 됐어요.

차가 절을 떠나 다리에서 좌회전하면 바로 경찰서입니다. 그런데 돌연 우회전하더군요. 서울로 가자고 말하면서 갑자기 수갑을 탁 채우는 거예요. 동시에 양옆에 있던 두 놈이 옆구리를 치기 시작해요. 정신없이 맞았어요. 아차, 내가 뭔가 크게 걸려들었구나 싶더라고요. 박헌영 선생의 아들로서 항상 두려움과 공포 속에서 살아왔기 때문에 더 그랬죠. 이게 뭔가 싶었어요. 한참 얻어맞으며 호흡을 조절하고 머리를 꽉 숙인 채 몸을 맡겼죠. 때리고 싶은 대로 때려라 하면서요. 그런데 차가 어느 정도 가니까 밖이 깜깜해져요. 깜깜하니까 정신이 들더라고요. 차에서 내리게 해놓고는 두 놈이 패는지 세 놈이 패는지 주먹질, 발길질이 마구 들어오는데 정말로 그냥 있다가는 안 되겠어요.

그래서 한 놈을 걷어차면서 그놈 목에다가 수갑을 걸고서 목을 꺾어버렸어요. 꽥꽥거리기에 내가 "말로 하자. 우리 경찰서로 가자. 나 세상에 이렇게까지 당할 죄를 진 적이 없다. 당장 수갑 풀어라. 너희가 날 죽이기 전에 이놈이 먼저 죽는다"고 했어요. 그래서 수갑이 풀리고 좋게 이야기하자며 밝은 데로 가기로 했어요. 그런데 차가 가는 방향이 여전히 서울 쪽인 거예요. 안양쯤에서 그쪽이 갑자기 "이 새끼가 깡을 부려." 하면서 또 치고 들어오는 겁니다.

벌떡 일어나며 운전대를 확 잡아 틀어버렸어요. 그러자 차가 한쪽으로 쏠리면서 급정거했어요. 제가 "아까 번호판 씌워놓은 거 봤다. 이거 높은 놈 차인데 유리창이고 뭐고 다 깨볼까." 그렇게 몸부림 한번 했지요. 지금도 그때 다친 흉터가 남아 있어요. 아무튼 그래서 다시 차에서 내려 안양에 있던 신진여관으로 들어갔어요. 조서를 작성하기 시작했죠. 아버지 관계를 묻습디다. 그때 기관원들에게 처음 아버지 이야기를 한 거예요.

손 1972년에 그런 일이 있었는데 1983년에 또 안기부가 찾아온 거군요.

원경 그때부터 계속 어떤 경로로든 저를 감시했다는 거죠.

손 안기부가 찾아와 서명 작업 같은데 참여하지 말라고 했지만, 그 뒤 스님은 역사문제연구소를 만드는 데 적극 나섰죠? 그 일은 언제부터 시작하신 건가요?

원경 정확하게는 1985년이에요. 지금 서울시장 하는 박원순 변호사 덕분입니다. 박원순 변호사가 시국사건 등을 변론하면서 자꾸 역사문제에 부딪히니까 변호사 그만두고 공부를 해야겠다고 생각했었어요. 그때 제가 같이 공부하자고 제안했지요. 그래서 뜻 맞는 사람들이 모여 역사를 공부할 사랑방 같은 걸 하나 만들자 했던 겁니다. 박원순 변호사가 세종문화회관 빌딩 뒤편에 사무실을 얻었습니다. 박 변호사가 전화도 놓고 당시 월 100만 원씩 내기로 했어요. 서중석 선생, 김남식 등을 초빙해서 사람들을 모으고 그러다 보니까 다시 안기부에서 조사가 나오더군요. 한번은 밤중에 세미나하다가 전부 종로경찰서에 연행되기도 했습니다.

손 스님은 그럼 창립 때부터 관여한 거군요?

원경 그렇죠.

손 창립할 때 소장은 누구였죠?

원경 당시에는 창립소장이 없었어요. 왜냐하면 고작 사랑방 하나 만든 건데 거

창하게 나갔다가는 세상 사람들의 웃음거리가 될지도 모른다고 생각했어요. 당시 우리의 최대 관심사는 해방 후 미군정 3년사였습니다. 그렇게 모여 공부들을 했는데 무슨 비밀단체를 하는 줄 알고 투서 같은 게 저쪽에 들어간 모양입니다.

손 그 투서가 운동 내부에서 나온 건가요?[4]

원경 네. 그건 확실해요. (웃음) 김남식이 그런 이야기를 나중에 해주더라고요. 김남식은 안기부의 북한 문제 담당이었으니까요. 그 사람이 보증해서 우리가 다 풀려나온 겁니다. 그래서 이런 오해들을 받느니 공개적인 연구소로 전환하자는 데 뜻이 모아졌어요. 그래서 역사문제연구소가 공식 출범한 겁니다.

손 결국 1980년대 중반부터 역사문제연구소 일을 하면서 박헌영 전집도 내놓았는데요. 참 큰 일을 완수하신 거죠?

원경 한산 스님의 당부도 있었고요. 전집을 내니까 어떤 분들은 제가 박헌영 선생을 역사적으로 복권했다고 평가해주시더군요.

4 같은 지향점으로 운동하는 사람들이 상대를 극한으로 몰아가는 투서의 역사는 깊다. 앞서 소개한 박헌영의 동지이자 주세죽의 두 번째 남편 김단야의 죽음이 그 보기다. 김단야가 소련에서 일제의 밀정으로 어이없이 처형당한 것 또한 조선인 사회주의자의 투서가 근거였다. 김춘성은 1937년 코민테른 집행위원회 비서부 앞으로 보낸 투서에서 김단야를 다음과 같이 비난했다. "한때 혁명운동에 참가한 적이 있으나, 그것은 '부유한 집안의 젊은이'가 청년 시절의 혈기로 '혁명을 가지고 놀았던' 것에 지나지 않았다. 또한 검거 사건이 있을 때마다 체포된 동지들이 동일한 사건으로 중형을 선고받았는데도 불구하고 김단야는 가벼운 형을 받거나 아니면 무사히 도주할 수 있었다." 투서는 이어 김단야의 가까운 동지들인 박헌영도 일본의 밀정이라고 지목했다. 김춘성에 따르면 결국 김단야는 혁명운동에 참가한 첫 시기부터 경찰과 내통했으며, '인민의 적'이고 '일본 제국주의의 밀정'이었다. 실제로 김단야는 처형당했다.

역사학자 임경석은 만일 그 시점에 박헌영이 국내 감옥이 아니라 모스크바에 머물고 있었다면, 그 또한 스탈린의 대숙청으로부터 자유롭지 못했을 것이라고 분석했다. 김춘성이 밀정으로 지목한 이들이 모두 화요파 공산주의 그룹이라는 점에 비추어보면 그는 화요파 아닌 다른 공산주의 그룹에 속했던 사람일 가능성이 높다(프레시안 2005년 8월 8일).

9
아버지 박헌영 '복권'의 진정한 뜻

찬탁 - 반탁의 소용돌이와 언론의 역할

깨달음을 추구하는 수도승들이 모인 곳에서도 '박헌영의 아들'이라는 이유로 모함과 투서가 오간 사실은 속상한 이야기였다. 불교 내부의 이야기를 더 나누고 싶었지만, 대화의 주제가 지나치게 넓은 것은 바람직하지 않아 아쉽지만 접었다. 박헌영의 아들, 원경 스님과 차를 마시며 이야기를 나누다 보니 산사에는 짙은 어둠이 깔리고 있었다. 그렇지 않아도 마무리는 복권(復權) 이야기로 나누고 싶었는데 마침 박헌영 전집과 관련해 복권이라는 말이 나왔다. 그래서다. 곧장 스님께 물었다.

손 저는 사실 북에서도 박헌영 복권이 이뤄져야 하고 남쪽에서도 복권이 되어야 한다고 생각하는데요. 어떻게 보시는지요?

원경 저는 사실 이러한 문제가 닥치면 자꾸 뒤꽁무니를 빼고 그러는데요. 제 입으로 복권 이야기를 하는 것은 말이 안 된다고 봐요. 그래도 역사문제연구소 소장을 하셨던 교수분이, 정말로 박헌영 선생한테 큰 효자는 역시 원경 스님이다, 박헌영 선생을 복권시켰다고 하신 말씀은 고마웠습니다. 그분이 말한 복권이란 건 정치적인 의미가 아닐 겁니다. 학자나 문인들이 글을 써나가고, 이것이 문서화 되고 이걸 대중이 보고 평가할 때, 그게 사실상 복권 상태라는 겁니다. 정치적으로 복권한다며 야합하는 것은 좋지 않은 것 같아요. 그런 식이라면 복권 자체도 실제로 어렵고요. 남쪽에서 복권하겠다고 쉽게 되는 것도 아니고, 북쪽에 지난날을 다시 평가해서 아버지의 명예를 회복해달라는 것도 복권은 아니잖습니까? 평화통일이 이뤄지기 전까지는 정당화되기 힘든 대목이 있어요. 오로지 아까 말씀드린 대로 학자나 글 쓰시는 분들에 의해서, 자기 시각대로 소설을 써나가든 평을 하시든 비판을 하시든 그런 활동들이 이어지면 좋겠습니다. 아버지에 대한 논문이나 책이 많이 나오는 그런 상황이 되지 않고 복권만 거론해서는 안 된다고 보는 거지요. 가령 누군가 쓴 논문에 대해 반론을 주고받는다든가 하면서 논의가 확산되는 거죠.

한마디만 더 말씀드린다면, 아버지의 복권은, 우리 손 선생님이 어떻게 생각하실지 모르지만, 저는 급한 게 아니라고 봅니다. 대신 남로당 전체, 이름 없이 산화된 그 사람들의 명예를 정말이지 바로 찾아야 합니다. 물론, 박헌영 선생이 복권되면 그것도 덩달아 이루어질 가능성이 많지만요. 일단 아버지는 아무리 금기시하고 억압해도 언젠가는 이름 석 자가 나오고, 100년 뒤든 언제가 됐든 학자들의 입에서는 나오게끔 되어 있습니다. 역적이 되든 충신이 되든 그렇다는 겁니다. 그런데 광복 운동했던 수많은 사람들, 그 많은 사람들이 모두 남로당이 되려고 그렇게 청춘을 불살랐던 건 아니거든요. 남의 힘에 의해서 우리가 해방을 맞이하고 보니까 모든 게 뒤틀린 거죠. 그리고 끝으로 한마디만 더 할게요. 언론의 오보라는 것이 참 무서워요. 우리가 해방정국에서 제일 극심하게 다퉜던 것이 바로 신탁통치 문제입니다. 이른바 찬탁-반탁이죠.

손 찬탁과 반탁이라는 틀도 사실은 잘못된 건데요. 남북을 아우르는 임시정부 수립이 모스크바 삼상회의[1]의 핵심 아니었습니까?

원경 그렇죠. 그런데 당시 언론에서는 소련이 5년 동안 신탁통치를 주장했다고 했어요. 사실은 아니거든요. 이제는 자료가 나왔습니다.

손 네. 당시 신문들이 진실과 정반대로 보도했습니다.

원경 미국이 30년 동안 조선을 신탁통치하자고 했습니다. 그런데 소련이 그럴 수는 없다고 합니다. 자주적으로 조국을 건설할 수 있는 시간은 자기들이 볼 때는 5년이면 된다. 그러니 5년 후견제를 두자고 제안했던 겁니다. 그런데 국내 신문들이 그 5년이라는 말 한마디만 가지고 큰 오보를 한 거예요. 소련이 5년 동안 신탁통치를 주장했다고 대대적으로 보도하죠. 아버지 박헌영도 그 보도를 믿고 처음에는 반탁을 했습니다.

손 박헌영이 명시적으로 반탁을 주장했다는 자료는 없는 걸로 알고 있습니다. 처음부터 신중하게 대처하지 않았던가요?

원경 그랬나요? 아무튼 아버지가 급히 평양에 가서 소련 사령부를 방문하고 온 뒤 명확하게 찬탁으로 갑니다.

손 그건 '찬탁'이라고 할 게 아니라 모스크바 삼상회의를 지지하는 거라고 봐야죠.

원경 우리는 보통 그걸 반탁, 찬탁 이렇게 나누잖아요. 삼상회의를 지지하면 찬탁이고 반대하면 반탁이다…….

손 언론이 그렇게 틀을 세웠지만 사실 그게 모스크바 삼상회의의 핵심적 합의가 아니라는 걸 조선공산당은 물론 진보진영에서 계속 강조해갔다는 자료들이 있습니다.

원경 제가 하고 싶은 말은, 언론이 어떻게 보도하느냐가 역사 전개에 큰 영향을 끼친다는 점입니다.

해방 후 어느 방직 공장의 풍경. 벽에 붙은 "조선공산당 수령 박헌영 동무 만세"라는 글귀가 눈에 띈다.

1 1945년 12월 모스크바에서 미국·영국·소련의 3개국이 제2차 세계대전의 전후 문제 처리를 위해 소집한 외무장관 회의. 당시 미군과 소련군이 38선을 경계로 주둔하고 있던 한국 문제도 논의했다. 신탁통치를 기본으로 하는 미국의 제안과 민주주의적 임시정부 수립을 기본으로 하는 소련의 수정안이 토론되었다. 결국 12월 28일 영국의 동의로 협정이 체결되어 다음과 같은 내용이 발표되었다.

　① 한국을 독립국가로 재건설하며, 민주주의적 원칙하에 발전시키고, 일본 통치의 잔재를 빨리 청산할 조건들을 조성할 목적으로 민주주의 임시정부를 수립한다.
　② 연합국이 한국 임시정부의 수립을 원조·협력할 방안의 작성은 민주주의적 정당·사회단체들과의 협의를 통해 미소공동위원회가 수행한다.
　③ 5년 이내를 기한으로 하는 4대 강국에 의한 신탁통치의 협정은 한국 임시정부와의 협의를 거쳐 4개국이 심의한 후 제출한다.

3개국의 합의는 당시 38선으로 나누어진 한반도의 주·객관적 조건을 고려할 때 통일된 민주주의 임시정부를 수립한다는 점에서 분단을 해소할 유일한 방법이었다. 하지만 그 합의에 민주주의 임시정부 대목은 전혀 언급하지 않고 신탁문제만 부각해 삼상회의를 '반탁'의 명분으로 반대한 세력이 미소공동위원회를 파탄시키고 결국 남과 북 양쪽에 국가가 수립된다.

요컨대 모스크바 삼상회의의 핵심 내용은 '찬탁, 반탁'이 아니라 통일된 임시정부 수립의 문제였고 최장 5년 뒤 완전 독립이었다. 당시 오스트리아는 10년 '후견'을 받아들였고 오스트리아 임시정부를 수립한 뒤 10년이 지나 중립국으로 완전한 독립을 이뤘다.

손 네. 그 말씀에는 전적으로 동의합니다.

박헌영의 '8월 테제'와 박정희

원경 언론 이야기 하나만 더 하고 가죠. 과거 〈중앙일보〉에 박갑동 씨[2]가 아버지와 남로당 이야기를 연재했었습니다. 그분이 이곳으로 저를 찾아왔어요. 소설가 안재성 씨가 모시고 왔습디다.

손 박갑동 씨는 박헌영을 모셨던 분이니까 반가웠겠어요. 이야기 많이 나누셨습니까?

원경 네. 제가 그분에게 궁금한 게 있었거든요. 박갑동 씨가 1973년과 74년, 〈중앙일보〉에 '내가 아는 박헌영'이라는 이야기를 6개월 이상 연재했는데 납득이 안 가더라고요. 그 시절에 김지하 선생 같은 분은 「오적」이라는 시 한 편 때문에 끌려가서 사형언도까지 받았는데 말이에요. 유신체제였었는데 박헌영 선생 일대기가 날마다 신문에 나오는 거예요. 도저히 이해할 수 없었어요. 설령 〈중앙일보〉가 아무리 힘이 있다고 하더라도 그게 가능한지 의문이 든 거죠. 그래서 박갑동 씨에게 "당신이 북에서 탈출해 왔다는 이유만으로 당신의 글을 실어주었느냐. 나는 지금도 의문이다. 그걸 좀 알고 싶다"고 했어요. 그러니까 박갑동 씨가 답변하기를, 안재성 씨가 그걸 다 녹음을 했는데요, 자기가 일본에 있는데 중앙정보부 기관원이 찾아왔대요. 찾아와서 각하께서 한 번 만났으면 좋겠다는데, 언제 시간을 내서 한번 오실 수 없냐고 그러더랍니다. 그래서 서울에 왔답니다. 청와대로 가서 박정희 대통령을 만났다더군요. 박정희가 박갑동 씨를 불러서 하는 말이, 당신이 박헌영 선생에 대해서 제일 많이 알고 있다는데, 또 기자 출신이니까, 어떤 이야기든 당신이 하고 싶은 이야기를 쓸 수 없냐고 하면서 '특권'을 주겠다고 하더랍니다. 그런데 여기

1947년 8월 미소공위 제2차 서울회의 때의 한 집회 현장에서. 왼쪽부터 브라운, 허헌, 스티코프, 발라사노프(KGB 평양지부장). 그 옆에 부착된 "위대한 지도자 박헌영 선생 만세"라는 글귀와 커다란 얼굴 사진이 이채롭다.

2 박갑동(朴甲東). 1919년 경남 산청에서 태어나 중앙고보와 일본 와세다대학 정경학부를 졸업하고 1941년 지리산에서 학병반대 게릴라 투쟁을 벌였다. 해방 후 조선공산당에 입당해 기관지 〈해방일보〉의 정치부 기자를 지냈다. 조선민주주의인민공화국 문화선전성 구라파 부장을 일하던 중 남로당 숙청을 피해 1957년 베이징을 거쳐 탈출했다. 1973년 귀국

에서 중요한 것은 박정희가 아버지에게 '박헌영 선생'이라고 존칭을 썼다는 겁니다.

손 박정희가 그렇게 표현했답니까?

원경 네. 빨갱이라는 표현은 물론 안 했고요. 그러면서 해방정국에서 박헌영 선생의 '8월 테제'를 그 당시 아주 감명 깊게 봤다, 그게 내 인생의 세계관이 됐었다고 말했답니다.[3] 무서운 이야깁니다. 잘 생각해보세요. 아버지는 8월 테제[4]에서 우리 조선이 지금 프롤레타리아의 혁명을 이룰 수 없으며, 그 단계에 이르지 않았다고 표현하거든요. 2단계 혁명론을 제기합니다. 그렇다면 박정희가 생각한 것은 힘으로 일단 권력을 잡은 다음에 단계적으로 나가는 방법론을 택했다고 볼 수 있습니다. 아무튼 군부에서 5·16 쿠데타를 일으켜 권력을 잡았을 때 당시에 그들은 그걸 혁명이라고 자부했습니다.

손 그래서 박갑동 씨도 청와대로 불렀다고 보는 건가요?

원경 그걸 떠나서도, 분명한 것은 박정희 대통령이 박갑동 씨한테 박헌영 선생의 이야기를 당신이 쓰도록 해주겠다고 말했다는 대목입니다. 실제로 조금 있으니, 이건희 회장[5]이 오더랍니다.

손 그때는 청와대가 부르면 대기업 회장들도 꼼짝없이 가야 하던 시절이었죠. (웃음)

원경 그러더니 박갑동 씨가 보는 앞에서 지시를 하더래요. 이 사람한테 지면을 활용할 수 있게 하라고요. 그래서 이건희 씨로부터 500만 원을 받았답니다. 당시 500만 원은 엄청난 돈입니다. 그런 돈을 원고료로 미리 준 거죠. 박갑동 씨가 그 돈으로 아파트를 세 채나 샀다는 거예요. 박정희가 그렇게 지면을 준 거죠. 박갑동 씨는 글을 쓰면서 기억이 분명치 않으면 중앙정보부로부터 자료를 받았다고 합니다. 그렇게 쓰인 글은 〈중앙일보〉에 실리기 전에 중앙정보부에서 한 번 걸렀다고 하네요. 그 이야기를 들었을 때, 비로소 의문이 풀리더라

3 박정희는 남로당 전력이 있다. 본디 그는 일제 강점기에 혈서를 써가며 만주군관학교에 들어가서 일본 육사를 졸업할 만큼 친일행적이 또렷했다. 육사 졸업한 뒤 만주에서 복무하며 일본에 충성했다. 해방 뒤에 국내에 들어와서는 당시 최대 정치 세력이었던 조선공산당과 그 후신인 남로당에 가입한다. 하지만 군 내부에서 남로당 숙청이 전개되자 그 순간까지 동지였던 남로당원들의 명단을 넘겼다. 그 결과 그가 넘긴 명단에 있는 남로당원은 모두 사형당하고 박정희는 살아남았다.

박정희가 쿠데타를 일으켰을 때 평양은 박정희의 남로당 경력을 인식하고 있었기에 밀사를 보낸다. 박정희에게 사상적 영향을 준 친형의 친구였고 월북해 외무성 부상까지 지낸 황태성은 1961년 8월 남쪽으로 내려와 박정희와의 접촉을 시도했다. 하지만 황태성의 밀입국에 미국이 관심을 보이고 대통령 선거 과정에서 윤보선이 박정희의 사상에 의혹을 제기하고 나서자 대통령에 당선된 직후 박정희는 황태성을 총살한다. 젊은 시절 자신이 추종했던 인물을 총살함으로써 박정희는 미국과 북에 자신이 확고한 반공주의와 친미주의자임을 명확한 신호로 보낸 셈이다.

4 박헌영의 '8월 테제'는 1945년 해방 직후 작성돼 조선공산당 재건의 사상적 기초가 되었다. '현 정세와 우리의 임무' 제하의 8월 테제에서 박헌영은 공산주의 혁명을 주장하지 않고 진보적 민주주의 혁명을 제시했다. 박헌영은 진보적 민주주의 혁명의 내용을 다음과 같이 서술했다.

"이 혁명의 가장 중요한 과업은 완전한 민족적 독립의 달성과 농업혁명의 완수이다. 즉 일본 제국주의 완전한 추방과 토지문제를 해결하는 새 정권 수립이다. 봉건과 자본주의 잔재를 청산하기 위하여서는 우선 혁명적으로 토지문제를 해결해야 한다. 대지주들의 토지를 몰수하여 토지 없는 농민들에게 분배하여야 한다. 또한 출판, 언론, 비판, 집회 및 시위의 자유에 대한 권리를 획득하는 것도 중요하다. 공산당 및 기타 혁명적(합법적인) 단체들을 합법화하고, 정부 정책에 공산당의 참여권을 획득해야 한다. 일일 8시간 노동의 실현과 인민대중의 생활의 조속한 개조를 위해서도 투쟁해야 한다. 일본 식민주의자들에게서 토지, 산림, 지하자원, 공장 및 제조소, 운수, 우편, 은행을 몰수하고 그들을 국유화하여 국가 관리에 넘겨야 한다. 국가 재원으로 의무교육을 실현하여야 한다. 정치와 경제부문에서 여성들의 지도적 역할을 강화할 것이다. 소득의 크기에 따른 세제를 실시하며 조선의 자유와 독립을 보호하기 위해 군대를 조직해야 한다. 이런 과업들은 인민에게 근본적인 권리를 부여하는 진보적 민주주의를 반영한다. 이것들을 실현함으로써 진정한 민주주의가 성취될 것이다. 오직 이런 조건에서만 단기간에 인민생활이 개조될 수 있으며 진보적인 조선이 창조될 것이다. 노동자, 농민, 인텔리는 이 길로 가고 있다. 그들은 어쨌든 혁명적으로 전진하고 있다." (「이정 박헌영 전집」 2권)

5 여기서 원경 스님이 이건희를 회장이라고 호칭한 것은 2012년 현 시점의 표현이다. 당시 이건희는 삼성이 소유하고 있던 중앙일보-동양방송에서 이사로 일하고 있었다.

고요. 당시 그런 든든한 보장 없었으면 누구라도 그런 이야기를 공개된 지면에 쓸 수 없었을 겁니다. 바로 잡혀갔겠죠. 그렇게 보면 참 아이러니해요. 그래서 제가 보기에 박정희 대통령은 본인 입으로는 얘기 안 했지만, 그 8월 테제와 관련해 자기가 군부에 뿌리를 내려서 쿠데타를 하려고 했던 게 아닌가 하는 생각도 들어요. 박정희 대통령이 4·19 전에도 쿠데타를 하려고 했지만 시기를 놓쳤다고 하지 않아요?

손 그렇게 볼 수도 있겠지만 저는 생각이 좀 다릅니다. 박갑동 씨가 김일성을 반대하는 게 명확했으니까 박정희로서는 이용가치가 있다고 본 게 아니었을까요?[6] 아무튼 박정희가 박갑동을 불러 8월 테제 이야기를 했다는 건 흥미 있는 증언이네요. 복권 이야기 마저 해볼까요?

박헌영의 복권과 통일

원경 개인들에게만 운명이 있는 것이 아니라 나라에도 운명이 있는 것 같습니다. 아버지 박헌영 선생이 복권된다면 저야 더 바랄 게 있겠습니까. 하지만 동행자들은 어떻게 할 것인가, 그 문제가 남습니다.

손 그렇죠. 박헌영 복권에 대한 스님의 말씀은 박 선생 아들답다고 생각합니다. 다만, 제 생각은 이런 거죠. 가령 주세죽은 이제 복권이 됐잖아요. 훈장도 받고 그랬죠. 만일 남쪽에서 박헌영의 복권이 이뤄진다면, 그만큼 우리 사회의 민주화가 성숙한다면, 그 순간은 박헌영만이 아니라 남로당 전체가 복권될 때라고 보아야겠죠. 물론, 현단계 한국 민주주의 수준으로 볼 때 쉽지 않은 이야기입니다. 그럼에도, 당장 그것을 이룰 수 없는 일이라고 해서 그에 대한 정당한 평가를 요구하는 일까지 자제할 이유는 없다고 생각합니다. 사실 스님과 이런 대화를 기획한 이유도 같은 맥락입니다.

소련대사로 부임한 스티코프를 마중하고 있는 조선민주주의인민공화국 정부요인과 사회단체 대표자들(평양비행장). 앞줄 오른쪽부터 홍명희, 김두봉, 김일성, 스티코프, 박헌영, 주영하. 《로동신문》 1949. 1. 12) 옆의 위 사진의 중앙부를 확대한 사진. 앞줄 오른쪽부터 김두봉, 김일성, 스티코프, 박헌영, 박헌영 어깨 뒤로 허헌의 얼굴이 보인다.

6 그렇게 보는 이유는 비단 황태성 사건 때문만은 아니다. 박갑동에게 8월 테제 운운하던 바로 그 시기에 박정희는 진보적 민주주의를 꿈꾸던 민주인사들 8명을 전격 처형했다. 인민혁명당(인혁당) 재건위 사건이 그것이다. 인혁당 사건은 1964년으로 거슬러 올라간다. 그해 8월 중앙정보부는 "북괴의 지령을 받고 대규모 지하조직으로 국가변란을 획책"했다며 인민혁명당(인혁당) 일당 57명 중 41명을 구속하고 16명을 수배했다고 발표했다. 그 뒤 10년이 흐른 1974년 4월, 중앙정보부는 다시 '인혁당 재건위'를 적발해 검거했다고 발표했다. 중앙정보부는 1974년 유신반대 투쟁을 벌였던 민청학련(전국민주청년학생연맹)을 수사하면서 배후·조종 세력으로 '인혁당 재건위'를 적발했다며, 이들이 민청학련 배후에서 학생시위를 조종하고 정부를 전복해 노동자와 농민의 정부 수립을 기도했다고 주장했다. 인혁당 관련자 21명, 민청학련 관련자 27명 등 180여 명이 긴급조치 4호, 국가보안법, 내란예비음모, 내란선동 따위의 어마어마한 죄명으로 비상보통군법회의에 기소됐다.

민청학련 관계자들은 대부분 감형 또는 형 집행정지로 석방됐지만, 1975년 4월 8일 인혁당 재건위 관련자 8명은 대법원에서 사형선고를 확정받았다. 박정희 정권은 재판 종료 24시간도 지나지 않아 전격적으로 8명의 사형을 집행했다. 민주화가 진행되면서 진상규명 운동이 벌어져 2007년 1월 사법부가 재심청구를 받아들여 8명 모두에게 무죄를 선고했다.

원경 남로당에 대해서는 엔엘(민족해방파)⁷)과 이야기하는 것보다 더 힘들고 복잡한 일이라고 저는 생각합니다.

손 맞습니다. 하지만 이제는 요구하고 나서야 할 때가 아닐까요.

원경 그런 요구를 하면 우리 사회 일각에서 당장 "빨갱이 놈의 자식 이상한 짓거리 한다"고 이야기할 것이고, 틀림없이 전쟁에 관해서도 말이 나올 겁니다. 한국전쟁을 누가 주도했든, 아버지가 그 전쟁에 책임이 없다고 말할 수는 없거든요.⁸

손 말씀하신대로 한국전쟁의 책임을 가볍게 볼 문제가 아니지요. 아직 다 밝혀진 것도 아니고요. 그래서 스님 생각으로는 박헌영 복권 운동이 신중해야 한다는 거죠?

원경 네. 우리가, 제가 뭘 요구한다고 해서 이북이 받아줄 리 없고, 그렇다고 남에서 받아줄 리도 없고 이 문제는 그저 운명론으로 가야 한다고 봅니다. 아까도 이야기했듯이 우리 국운에도 운명이 있을 듯한데, 저는 박헌영 선생은 복권하더라도 가장 마지막에 해야 한다고 봅니다. 그 동행자들에 대해 진실이 밝혀지고 또 그분들 한 분 한 분을 복권시켜 주는 것이, 그 자손들한테도 바람직하다고 저는 생각합니다.

손 뜻 잘 알겠습니다. 그럼 스님은 남북통일은 어떻게 하는 게 옳다고 생각하세요? 부담 없이 이야기 나눠보죠.

원경 제가 시집⁹에서 통일에 대해 한번 낙서 같은 시를 발표한 적이 있어요. 잠시 우리가 삼팔선 자체, 즉 휴전선을 개방해보자. 먼저 누가 하더라도 좋다. 이북 사람들이 이남으로 밀려올지, 이남 사람들이 이북으로 갈지 보자. 그래서 많은 사람들이, 민중이 뭘 원하는지, 어떤 곳을 택하는지를 보고, 그런 단계를 거쳐 통일을 생각해볼 수 없을까. 그런 푸념을 해본 적이 있어요. 그런데 지금은 생각이 조금 달라졌어요. 많은 분들이 욕을 하거나 나무랄지는 모

1949년 3월 소련을 방문 중인 조선민주주의인민공화국 대표단. 위: 스탈린과 회견하기 위해 크렘린 궁전으로 들어서는 대표단. 검은색 외투에 중절모를 쓴 김일성 뒤로 박헌영, 홍명희의 모습이 차례로 보인다. 아래: 소련 방문 중의 김일성(왼쪽에서 두 번째)과 박헌영(오른쪽 두 번째).

7 엔엘(NL)은 민족해방(national liberation)의 줄임말로 남한 사회를 미국 제국주의의 식민지로 파악하고 그것을 넘어서는 자주적 통일운동에 역점을 둔다. 1980년대 엔엘(자주파)과 함께 학생운동을 양분했던 피디(PD)는 민중민주(people's democracy)의 줄임말로 남한은 식민지가 아니라 이미 자본주의 단계에 들어선 사회로 파악하고 혁명적 노동운동을 강조했다. 평등파로 불린 이유다. 원경 스님이 엔엘과 이야기하는 것보다 더 복잡하다고 한 이유는 과거 자주파를 주도한 김영환이 낸 책 『강철서신』에서 박헌영을 미제의 간첩으로 규정했기 때문이다.

하지만 박헌영을 미제의 간첩으로 규정한 김영환의 선동은 그의 해방전후사 인식이 얼마나 얕은가를 입증해주었다. 역사적 인식의 한계는 그 뒤 자주파 대다수에게 드러난다. 박헌영을 간첩으로 믿는 천박한 역사인식은 그 뒤 김영환이 잠수정을 타고 입북해 김일성을 만나고 온 뒤 정반대로 반북운동을 펼치는 데서도 확인할 수 있다. 극과 극을 오간 김영환의 행보를 자주파와 평등파 모두 깊이 성찰해볼 필요가 있다(손석춘, 「그대 무엇을 위해 억척같이 살고 있는가?」, 『철수와영희』, 2012 참고).

8 한국전쟁의 박헌영 책임론에 찬반양론이 있지만 서울주재 소련 영사의 아내였던 샤브시나의 증언은 흥미롭다. 박헌영의 전쟁 주도설에 대해 샤브시나는 "감히 단언하건대 이것은 사실이 아니다. 내 눈으로 직접 본 것, 들은 것, 그에 관해 아는 것, 그 모든 것으로 판단하건대 이것은 믿을 수 없는 일이다. 그는 조선의 평화적 통일에 대한 부동의 옹호자였으며 전쟁과 무력의 반대자였다. 조선 전쟁기에 전문 고문으로서 평양과 중국에 체류했던 남편의 회상들도 동일한 것을 증명해주고 있다"고 증언했다.

9 원경, 『못다 부른 노래』(도서출판 시인, 2010)

르겠지만, 저는 우리 생애에서 통일은 안 된다고 봅니다. 우리가, 역사를 보더라도, 가령 신라가 삼국을 통일하는 과정을 보더라도, 통일이라는 게 결코 짧은 시간에 이루어지는 것이 아니거든요. 더군다나 지금 세계열강, 일본이 있고 미국이 있고 소련이 있고 중국이 있는 이 상황에서 통일이 제대로 되겠습니까?

손 말씀하신 대로 강대국들의 이해관계도 얽혀 있어 쉬운 일은 아니죠.

원경 우리 후세대들이 김일성이나 전쟁 책임 문제 이런 걸 떠나서, 지금과는 다른 세계관에서 남북이 서로 이야기할 수 있을 때, 그때 통일이 이루어지지 않을까요. 우리가 아무리 통일을 이야기한다고 해도 지금은 쉽게 통일이 될 수는 없다고 봅니다.

손 그럼 우리는 지금 무엇을 해야 할까요?

원경 저는 항상 그 뭐랄까, 외롭고 배고픈 이웃을 생각하면서, 뭔가를 나누는 데서 시작해야 한다고 봅니다. 지금은 모두가 오로지 '나'를 위해서만 살 거든요. 내 것을 나눌 생각은 안 합니다. 대신 남의 것을 내 것으로 만들려는 바람에 지금 양극화가 심해지고 있습니다. 베푸는 사랑, 그걸 운동 차원으로 전개해야 옳다고 봅니다. 진보다, 보수다, 또는 수구다 하면서 다툴 게 아니죠. 상대방의 시각으로도 세상을 볼 수 있어야 합니다. 생각은 금을 그을 수가 없는 거거든요. 그런데 지금 우리는 서로 구분 지어 고민하고 외로워하고 있거든요. 번민하고 있는 것이지요. 그럼 어떻게 해야 할까요. 남을 용서할 수 있어야 합니다. 예를 들어, 손 선생님 같은 분이 상대를 이해하면서 반대쪽도 칭찬할 것은 칭찬해주고, 같이 합심해서 어떤 새로운 용광로를 만들어야 합니다. 그래서 같이 들어갈 수 있는, 들어가면 같이 녹아서 하나가 될 수 있는, 그런 분위기가 좀 만들어졌으면 합니다.

손 들어가면 같이 녹아 하나가 될 수 있는 용광로를 만들어야 한다는 말씀이

시죠?

원경 그러면 우리와 생각이 다른 사람들도 툭하면 우리를, 이쪽을, 진보에 있는 사람을 빨갱이라고 비난하지 않을 겁니다. 사실, '빨갱이'라는 말이 참 우스운 말이거든요. 원래 뜻이 무엇이건 간에 그저 의견이 다른 상대방을 싸잡아 비난할 때 쓰입니다. 자꾸 듣다 보면 이상하게 무서워요. 저야말로 그런 두려움과 공포 속에서 평생을 살다 지금 나이가 일흔두 살이 되었습니다. 그동안 마음속에 쌓이고 쌓였던 말들을, 저는 손 선생님만큼 언변이 없어서 표현은 못 하지만 하고 싶습니다. 그런데 아직도 제대로 말을 못 하고 있는 그런 상황 같아요.

손 스님께서 하고 싶은 말씀을 아직 다 못 하고 있는 거군요.

원경 말할 수 있을지도 모르겠어요. 답을 드리고 나면 제대로 된 답변도 아닌 것 같고 그래요.

손 독자들이 판단할 몫도 있겠지요. 너무 걱정하지 마세요. 그리고 스님, 박헌영의 아들로서 김일성의 아들 김정일은 어떻게 보셨어요? 스님과 김정일이 우연인지 나이가 같더군요.

원경 김일성 주석이 사망했을 때, 사람들이 김정일을 참 우습게 평을 합디다. 이런 말을 하면 보안법에 저촉될지 모르지만, 나는 주위 학자들한테 그랬어요. 당신들은 참 너무 답답하다. 옛날에 왕들이 왕세자를 키울 때를 한번 생각해보자, 김정일은 그런 과정을 거쳐 성장한 사람이라고 했습니다. 저는 주체사상도 김일성 주석이 김정일 키우려고 내세운 것이라고 봤습니다. 당시 권력세습에 대해 김정일이 후계자가 되었지만 언젠가는 쫓겨날 거라고 분석한 사람들이 있었습니다. 그분들께 저는 두고 봐라, 벌써 장악할 것은 다 장악했을 것이다. 절대 그럴 일은 없다고 했죠. 그리고 그쪽 세계를 우리 시각으로 판단하지 말라고 했어요. 조금만 잘못해도 공개 총살을 당하는 살벌한 사회에서 감히 누가 저항 조직을 만들 것이며 누가 바른 소리를 하겠습니까? 그저 시키는 대로 충성하는 길밖에 없는 것입니다. 실제로도 김정일이 그 나름대로 권력을 잘 지키다가 가지 않았습니까?

손 그럼 김정은에 대해 여쭤볼까요? 어떻게 보세요?

원경 그분에 대해서는 제가 아는 것이 없어요. 그래서 섣불리 말씀드리기가 뭐하지만, 지금 그 사람이 해가는 걸 보면 이건 좀 아니라고 봅니다. 그저 김정은을 옹호하면서 권력을 차지하려는 무리들만 주변에 있는 것 같아요. 자기 기반이 없는 겁니다. 아직은 '얼굴마담'에 불과하다는 거죠. 사정을 모르니 평가하기가 참 쉽지 않지만 말입니다…….

손 현실을 냉철하게 바라보고 계시네요.

원경 또 다른 말씀을 한 가지 드리자면, 제가 어린 시절과 젊은 시절 군대에 있을 때는 원한이 깊었다고 하지 않았습니까. 제 아버지를 죽이고 저를 힘들게 한 사람들에게 복수를 하고 싶었죠. 하지만, 아까도 말씀드렸다시피 지금은 그렇게 생각하지 않아요. 한산 스님 말씀처럼 원한의 원인이라는 게 상대한테 있는 것이 아니라 내 마음에 있다고, 지금은 생각하고 있습니다.

손 스님, 만기사 절 앞에 들어올 때 "원수는 갚지 말고 은혜는 갚아라"라는 말을 써놓았던 데 그걸 보며 늘 다짐하시는 건가요?

원경 제 마음속에 있는 것들을 떨쳐버리고 싶었던 거예요.

손 그러셨군요. 스님, 긴 시간 고맙습니다. 저는 이제 산을 내려가겠습니다.

10
박헌영 글 직접 읽기

산사에서 원경 스님과 나눈 대화록을 덮기 전에 박헌영이 무슨 생각을 하고 있었는지, 적어도 그가 남긴 글을 독자들도 직접 읽어볼 필요가 있다. 『이정 박헌영 전집』에서 두 글을 선택했다.

첫 글은 1945년 11월 30일 조선공산당 책임비서 박헌영이 서울중앙방송에서 한 연설문이다. 서울중앙방송은 지금의 한국방송(KBS) 전신이다. 조선공산당 대표가 KBS 라디오에 나와 – 더구나 텔레비전이 없었던 시대에 – 정견을 발표한다는 것은 분단시대를 살아가는 지금의 우리로선 상상하기 어렵다.

하지만 당시 조선공산당은 명실상부한 최대 정당이었다. 서울중앙방송은 1945년 연말을 맞아 조선공산당·국민당·인민당·한민당 4대 정당의 정견 발표를 기획했다. 추첨을 통해 11월 30일 밤 조선공산당이 가장 먼저 방송을 시작했다. 연설문은 당시 조선공산당의 주장을 알기 쉽고 간명하게 전달하고 있다.

다음 글은 유명한 '8월 테제'다. 본디 제목은 '현 정세와 우리의 임무'다.

8월 테제는 그동안 1945년 9월 25일자 수정본으로만 내용이 알려져 왔다. 8월 20일에 처음 쓴 원문은 전집 편집진이 발굴해 수록했다. 러시아 번역본을 다시 국역한 글이다. 다소 전문적인 내용이어서 망설였지만, 그런 '배려'는 독자에 대한 예의가 아니라고 최종 판단했다.

 해방 직후 새로운 국가 건설의 열정에 가득 차 이 글을 써나가던 박헌영을 떠올리며 읽어보길 권한다. '8월 테제'가 조금 어렵다고 느끼는 독자라면, 건너뛰어도 무방하다. 첫 글인 방송연설에 고갱이가 들어 있기 때문이다.

1. 방송 연설문: 진보적 민주주의의 깃발 아래서[1]

우리의 완전독립을 위하야 싸우고 있는 근로자 대중이여! 형제자매들이여! 동포들이여!

조선공산당의 이름으로 여러분에게 열정에 넘치는 인사를 드립니다.

오늘 짧은 시간을 이용하여 조선공산당의 주장이 무엇인가를 간단히 말씀드리고자 합니다.

아시는 바와 마찬가지로 우리당은 노동자, 농민, 도시 소시민과 지식인 및 일반 근로자 대중의 이익을 대표한 정당입니다. 일본 제국주의 통치의 백색 테러 밑에서 우리는 민족의 독립과 토지문제의 해결을 위하여 근로대중의 생활개선과 언론집회의 자유를 위한 반제국주의와 반봉건적 민족해방투쟁을 부절히 전개하였는데 그것은 조선에 있어서 민주주의적 자유와 발전을 위한 투쟁입니다.

이러한 민주주의를 위한 투쟁의 목적은 금일에도 더욱 완강히 계속하고 있는 것으로 그것은 형식에만 그칠 것이 아니라 내용을 가춘 진정한 의미의 민주주의의 실현에 있습니다.

우리는 독립의 실현이 완성됨에 있어 우리 조선 민족이 무엇을 얻었는가, 우리 민족 생활에 어떠한 변화가 생기는가? 물론 변화가 생기었습니다. 그러나 그 변화는 형식에만 그칠 것이 아니오, 그 생활 내용까지 향상된 질적 개혁이 있어서 비로소 우리는 완전한 해방을 얻는 것이 되는 것이오, 반세기를 두고 싸워 오든 우리 독립의 가치가 효과적으로 나타나는 것입니다.

아무리 독립이 되었다고 해도 우리 민족 전체 생활분야 즉 경제적, 정치적, 사회적,

---

[1] 박헌영의 방송 연설문 전문은 12월 1일자 〈해방일보〉에 '진보적 민주주의 깃발 밑으로' 제목으로, 〈조선인민보〉에 '구제도 구관습 남기고 진정한 해방 없다.' 제목으로, 〈신조선보〉에는 '원칙 있는 민족통일—작야(지난밤) 공산당수 박헌영 씨 방송' 제목으로 실렸다. 이 연설문은 조선 노동조합 전국평의회(전평)의 기관지인 〈전국노동자신문〉에 실린 글이다.

문화적, 정신적, 각 방향에 있어서 하등의 질적으로 개선이 없이 종전과 같은 구사회 제도와 그 전통적 간섭을 그대로 넘겨 맡아가지고 나간다면 우리는 굶주리고 실업하고 학대받고 감옥에 끌려다니고 짓밟히는 살림밖에 못 할 것이니 독립은 이름뿐이고 아무것도 개선과 자유와 진보가 없을 것입니다.

이러한 의미에서 우리는 독립이란 두 글자만 형식적으로 확보함에 만족할 것이 아니고 독립의 달성으로써 조선의 완전한 자유와 진보를 얻어 우리 민족이 잘살고 보다 행복을 누릴 수 있는 민주주의 사회를 건설하고자 하는 것입니다.

우리가 현단계에 있어서 요구하는 민주주의는 구체적으로 무엇을 의미하는가? 그것은 조선 민족의 완전독립, 토지개혁, 언론·집회·결사·신앙의 자유, 남녀동등의 선거, 피선거권의 확보, 8시간 노동제 실시, 국민개로에 의한 민족생활의 안정, 특히 근로대중 생활의 급진적 향상 등등의 기본적 문제를 해결한 구체적 내용을 가진 실질적 민주주의의 실현에 있습니다.·

오늘날 우리나라에서 거의 대부분이 민주주의를 부르짖으며 그것을 위하여 움직이고 있게 된 현상은 다행한 일이며 한 가지 위대한 발전을 의미합니다.

그러므로 우리는 해골만 남은 형식의 민주주의에 만족해서는 안 됩니다. 우리 동포의 생활이 구체적으로 개혁된 자유와 해방--즉 우리는 정치적으로 우리의 주권을 우리의 손에 쥐되 다만 재래의 소수 특권계급인 지주 자본가와 고리대금업자의 전횡이 되어서는 절대로 안 됩니다.

만일 그렇게 정권문제가 해결된다면 우리 동포 중 절대다수 거의 90퍼센트나 되는 근로대중은, 소수 특권계급의 독재정치 밑에서 또다시 종전 그대로의 본의가 아닌 무리한 착취와 압박을 받게 될 것이요 민주주의 권리가 억압될 것은 사실입니다.

이렇게 되지 못하게 하기 위하야 우리 공산당에서는 우리의 정권을 민주주의적으로 해결하자고 고집하는 것입니다. 이러한 의미에서 우리는 민족의 통일을 주장하되 원칙 있는 통일, 즉 종래의 특권계급의 기본 부대인 친일파, 민족 반역자를 제외한 민족의 통일을 위하여 완강히 투쟁하고 있으며 이 원칙이 서지 않은 통일, 즉 덮어놓고

한데 뭉치라는 것은 그 본 의도와 결과에 있어서 친일파 민족 반역자로 구성된 소수의 조선의 특권계급의 이익을 옹호하는 외 다른 것이 아무 것도 없는 것입니다.
우리 공산당은 물론이고 진정한 민주주의자들은 결코 이러한 민족 유해의 통일을 찬성할 리 만무할 것이오, 가령 통일이란 미명에 일시적으로 미혹을 받는 사람들이 있다 해도 그것은 일시적 순간의 일일 것입니다.

1. 건국의 이상을 진보적 민주주의를 원칙으로 할 것.
2. 민족통일 전선결성에는 친일파 민족 반역자를 제외할 것.
3. 민족통일 결성은 해내 해외의 몇 개 정당의 집결로만 될 것이 아니고 그 외의 대중적 조직인 전국노동조합평의회, 전국농민조합 전국청년동맹, 전국부녀동맹, 천도교 급 기타 각 민주주의 단체도 이에 참가해야 될 것.
4. 민주주의 통일정권은 이상에서 말한 민족통일전선이 결성되어 그 대중적인 기초 위에서 수립되어야 할 것.
5. 각 정당이 정론 논쟁을 하는 것은 주의 주장이 상이함으로 당연한 일이나 그러나 그 수단 방법은 국민적 여론과 대중의 판단하는 대중적 정치운동의 길을 밟아 나가야 할 것.
6. 민족주의 각 정당은 난립된 현상을 청산하고 주의 강령이 동일할 것 같으면 단일 정당으로 통일하기 바라는 것.

이러한 주장 밑에 우리 조선공산당은 정치적, 사회적, 문화적, 정신적, 방면에 있어서 조선 인민의 생활이 민주주의적으로 해결될 수 있는 진보적 민주주의를 위하야 싸우고 있습니다.
진정한 민주주의의 강령 밑에서 민족의 통일을 주장하고 있습니다.
여러분 안녕히 계십시오.

2. 8월 테제: 현 정세와 우리의 임무[2]

현 정세

독일의 붕괴, 일본의 무조건 항복으로 2차 세계대전은 마침내 끝이 나고 말았다. 국제 파시즘과 군벌 독재의 압박으로부터, 인류는 구원되어 자유를 얻은 것이다.

전후 여러 가지 국제 문제의 해결과 평화 유지를 위한 국제기관의 창설이 필요하였다. 이것을 위하여 포츠담회담이 열렸던 것이다. 이에 국제 문제는 어느 정도 바르게 해결되었고 영구는 못 될지언정 상당히 오랜 기간의 세계 평화를 위한 평화 유지 기관은 조직된 것이다. 이에 조선의 해방은 실현되었다. 그러나 그것은 우리 민족의 주관적 투쟁적인 힘에 의해서보다도 외부세력에 의해 실현된 것이다. 세계 문제가 해결되는 마당에 따라서 조선 해방은 가능하였다. 지금은 모든 국가를 개별적으로 보아서는 안 되며 개별적 국가의 문제를 전 세계의 견지에서 해결하여야 한다는 것이 세계 정치의 흐름이다. 이것은 민족주의에 대한 국제주의의 승리를 의미한다.

이것은 제2차 세계대전의 교훈이다. 파시즘과 일본과의 전쟁에서 조선은 자기의 떳떳한 역할을 하지 못하였고 식민지로서 일본을 지지하지 않으면 안 되었다. 이것은 조선의 의사는 아니었지만 조선이 일본의 제국주의 전쟁 과정에서 적지 않은 협조를 하였다는 것을 부인할 수 없다. 이제 조선 인민이 이 사실을 비판적으로 평가하여야 할 때가 왔다. 이것은 앞으로 조선이 다른 나라들 중에서 진보적

---

[2] 1925년 창립된 조선공산당을 1945년 재건하는 데 결정적 토대가 된 문건이다. 독자들 가운데는 공산당이라는 이름에 저항감을 가질 수 있다. 당시 소련공산당이 식민지 해방을 적극 도왔고 중국공산당이 항일투쟁의 전면에 나섰던 사실을 고려할 필요가 있다. 중요한 것은 테제의 '자구'가 아니라 테제에 담긴 '박헌영의 생각'이다.

인 역할을 하여야 할 전제인 것이다. 현재 세계혁명의 발전 과정은 이렇게 조선과 같이 특수한 처지에 있는 나라에서 평화적으로 혁명이 진행되는 것이 가능하다는 것을 보여주었다. 이것은 세계혁명의 등대, 국제프롤레타리아의 조국, 지구의 5분의 1을 차지하는 소련이 사회주의 사회를 건설하고 이러한 승리를 달성한 결과이며, 우리가 장애 없는 국제적 및 군사적 영향을 가질 수 있게 된 결과이다. 세계 혁명 정세는 조선이 평화적 방법으로 민족적 자유를 얻을 수 있는 조건을 조성하였다.

그러나 조선 국내 정세는 좀 다르게 조성되고 있다. 심지어 오늘의 혁명적 환경에서도 혁명의 기본 역량이 미약하므로 이로 인하여 국제적인 지원에도 불구하고 일본제국주의자들을 구축하기 위한 인민적 운동 혹은 봉기가 없으며, 그와 동시에 민족 해방으로 야기된 자연발생적 운동을 제어할 수 있는 세력도 없다. 혁명의 이런 미약한 상태에서 조선에 있는 일본 군대는 자기 천황의 명령에 복종하지 않고 북조선에서 붉은 군대에 계속 저항하고 있고, 지금 붉은 군대가 서울로 진입하는 것에 대비하여 전투를 전개하기 위한 책동을 하고 있다. 현재도 그들은 사람들을 총살하고 그들의 재산을 파괴하는 등 인민에 대한 무장약탈을 계속하고 있다. 그러나 우리는 그들의 약탈행위에 대하여 한마디 말도 못 하는 가련한 처지에 있다.

세계정세는 상상하기 어려울 정도의 속도로 발전하고 있다. 한마디로 말하면 파시즘의 완전한 패배와 진보적 민주주의와 사회주의의 승리는 세계 혁명을 더 높은 단계로 끌어올렸다. 한편에서 소련의 비중이 커졌으며 다른 한편에서는 세계 제국주의 체제가 뒤흔들렸다. 독일과 일본 제국주의가 당한 비참한 운명은 사필귀정이다. 제2차 세계대전의 경험은 인류에게 이것을 가르치고 있다. 이로부터 전 세계 사람들은 자본주의냐 혹은 사회주의냐, 파시즘이냐 혹은 민주주의냐 하는 문제를 제기하고 있다. 즉 전후 세계에 어떤 사회를 건설하여야 할 것인가. 자체 내부에 전쟁과 착취의 원인을 내포하는 자본주의를 선택할 것인가 혹은 유일하게 자유와 평화를 보존하는 사회주의 사회를 창조하기 시작할 것인가. 유럽 인민들뿐만 아니라 우리 인민 앞에도 어떤 사회를 건설하여야 하는가 하는 문제가 제기되었다. 혹은 진보적인(발전된) 민주주의 사회를 건설할 것인가 혹은 반민주주의 국가를 건설할 것인가. 이렇게 오늘 우리 인민이 문제를 제기하고 있다. 우리 노동자, 농민, 도시 하층 주민과 인텔리는 진보적인 민주주의 국가를 희망하고 있지만 조선 민족 부르주아지(지주, 자본가, 상인)는 친일 영향을 벗어나지 못하고 반민주주의 국가 건설을 기대하고 있다.

조선혁명의 현 단계
오늘 조선은 부르주아민주주의혁명 단계에 있다. 이 혁명의 가장 중요한 과업은 완전한 민족적 독립의 달성과 농업혁명의 완수이다. 즉 일본 제국주의 완전한 추방과 토지문제를 해결하는 새 정권 수립이다. 봉건과 자본주의 잔재를 청산하기 위하여서는 우선 혁명적으로 토지문제를 해결해야 한다. 대지주들의 토지를 몰수하여 토지 없는 농민들에게 분배하여야 한다. 또한 출판, 언론, 비판, 집회 및 시위의 자유에 대한 권리를 획득하는 것도 중요하다. 공산당 및 기타 혁명적(합법적인) 단체들을 합법화하고, 정부 정책에 공산당의 참여권을 획득해야 한다. 일일 8시간 노동의 실현과 인민대중의 생활의 조속한 개조를 위해서도 투쟁해야 한다. 일본 식민주의자들에게서 토지, 산림, 지하자원, 공장 및 제조소, 운수, 우편, 은행을 몰수하고 그들을 국유화하여 국가 관리에 넘겨야 한다. 국가 재원으로 의무교육을 실현하여야 한다. 정치와 경제부문에서 여성들의 지도적 역할을 강화할 것이다. 소득의 크기에 따른 세제를 실시하며 조선의 자유와 독립을 보호하기 위해 군대를 조직해야 한다.

이런 과업들은 인민에게 근본적인 권리를 부여하는 진보적 민주주의를 반영한다. 이것들을 실현함으로써 진정한 민주주의가 성취될 것이다. 오직 이런 조건에서만 단기간에 인민생활이 개조될 수 있으며 진보적인 조선이 창조될 것이다. 노동자, 농민, 인텔리는 이 길로 가고 있다. 그들은 어쨌든 혁명적으로 전진하고 있다. 이와 반대로 조선 민족부르주아지는 어떤 희생을 치르더라도 자기의 친일적 성향을 숨기려 하고 있다. '좌파 민족주의자', '민족개량주의자', '사회개량주의자'(계급투쟁을 거부한), '사회파시스트'(반역자, 일본 제국주의 주구들) 등은 민주주의 혹은 공산주의라는 가면을 쓰고 나서기 시작하였다. 우리의 과업은 이들과 비타협적 투쟁을 전개하면서 노동자, 농민, 소부르주아지 등 혁명적 대중의 선두에 서는 것이다.

조선 공산주의 운동의 현상과 그 결점

조선 혁명운동은 국내에서나 국외에서나 널리 전개되지 못하였다. 일본 제국주의의 압제하에서, 특히 전쟁 시기에 모든 해방운동은 억압받았을 뿐만 아니라 사소한 자유사상의 표현도 금지되었다. 이 때문에 전반적으로 조선 민족운동과 특히 공산당의 활동은 지하에서 진행되었다. 비합법 조건에서 공산당은 광범한 인민적 운동을 전개할 수 없었다. 그러나 이것은 공산당이 인민과의 연계를 갖지 않았다는 것을 의미하지는 않는다. 계속되는 대규모 체포는 비합법적 운동의 가능성마저도 극도로 축소하였으나 이러한 어려운 사정에도 불구하고 국제공산당의 노선을 집행하는 공산주의 운동이 비합법적으로 대중 속에서 진행되었다는 것은 사실이었다. 1937년에 전쟁이 개시되면서 운동의 참가자들이 합법적 및 비합법적인 모든 운동을 중지하고 일본 제국주의 진영으로 넘어가기 시작하였으며, 상황은 복잡해졌다. 그 결과 운동의 지도자들은 일본 군벌의 탄압이 두려워서 반역자로 변하였던 것이다. 자기의 사상을 쓰레기통에 집어던지고 민족과 노동계급을 배반하고, 그들 자기 개인의 이익을 존중한다는 그 본래의 원칙을 노골적으로 발휘할 기회가 왔다고 생각하고 이 일시적 과도적 암흑시기에 있어서 운동을 포기하고 평안한 살림살이에 힘썼던 것이다. 이것은 비합법 운동을 거부함을 의미하는 것이었다. 탄압의 시기에는 기득의 영예에 만족하던 이런 자들은 합법적 운동의 시기, 즉 1945년 8월 15일에 하부조직의 창설이나 아무런 준비도 없이 '조선공산당'을 조직하여 당 중앙위원회를 선출하기까지 하고 유해한 전통적인 파벌 활동을 반복하며 인민운동의 최고지도자가 되려고 희망하였다. 그들은 흔들림 없이 오래전부터 지하운동을 진행하고 있는 충실한 공산주의자들의 믿음직한 그룹이 있다는 것을 알면서 이렇게 행동하였던 것이다. 이런 결과로 조선 공산주의 운동은 분열되었다. 이런 파벌주의자들의 활동은 공산주의 운동과 정반대되는 것이 되었으며, 이 운동을 정치적으로 조직적으로 약화시키는 것이었다.

그러나 이러한 탁류가 황포히 흐르는 금일에 있어 한 가지 맑은 물결이 새암같이 쏟아져 나오고 있다. 캄캄한 밤중에 밝은 등불같이 진정한 공산주의 운동은 백색테러 시기로부터 오늘날까지 계속 빛나고 있다. 이것은 진실한 혁명운동이지만 아직은 미약하다. 과거에는 이 운동이 좁은 범위에서 진행되었으나 현재 혁명적 정세에서는 대중적 운동을 전개하고 인민을 조직하여야 한다. 독자적인 투쟁에 필요한 힘을 모으기 위해서 당은 성장하고 강화되어야 하며 경험을 쌓아야 한다. 즉 대중을 선도하는 전투적 볼셰비키당이 되어야 한다.

이를 위하여 가장 중요한 것은 인민과 연계를 맺고 무엇보다도 노동자를 중심으로 한 대중 조직들을 일으키고 대중적 투쟁을 전개하며 친일 분자들과 부자비한 투쟁을 전개하는 것이다. 공장과 기타 경제부문에 기본적 조직들을 창설하고 그들의 대표를 모아 전국적 대표회의에서 최고 지도기관을 내세울 것이다. 최소한 그와 같은 준비가 필요하다.

우리의 당면 임무

정세는 혁명적으로 발전되고 있다. 조선 인민의 혁명적 열정은 강화되고 노동자와 농민의 투쟁은 대중적으로 일어나고 있으나 전국적, 통일적, 의식적 운동은 발전되지 못하고 있다. 이러한 인민대중의 자연발생적 투쟁은 옳은 정치노선을 가지지 못하였으며 전국적 혁명적 지도가 없이 지연되고 있다. 이렇게 중대하고 절박한 시기에 있어 조선공산당은 시각을 다투어 진정한 노동계급과 농민의 지도자로서 인민 앞에 나서야 한다.

그러므로 혁명적인 공산주의자들은 모든 힘을 합하여 다시금 통일된 조선공산당을 창설하여야 한다. 이것은 현재 첫째가는 가장 중요한 과업이다. 우리는 섹트적 운동을 극복하고 조직된 군중과 미조직 노동자와 연계하고 대중을 동원하여 그들을 전취하기 위한 투쟁을 전개하여야 한다. 일반 근로대중의 일상 이익을 대표할 만한 당면의 표어와 요구조건을 일반적 정치적 요구조건과 연결하여 내걸고서 대중적 집회시위 운동을 전개함으로써 대중을 동원하며, 특히 미조직 대중을 조직화하기에 노력하지 않으면 안 된다. 대개의 조선 공산주의자들은 근로대중, 특히 노동자와 농민대중에 접근하여 새로운 군중을 각성시키고 그들을 당과 당의 보조단체에로 끌어들이며, 민족 개량주의의 영향으로부터 일반대중을 우리의 편으로 전취하고 토지와 완전독립을 위한 투쟁에 전 인민을 동원하여야 한다.

대중운동을 전개할 것

(ㄱ) 노동자의 일상이익을 위한 투쟁을 이끌 노동운동을 전개해야 한다.

우리는 다음의 구호를 내건다.

- 쌀 배급량을 올리자.
- 일반 생활필수품에 대한 배급을 강화할 것.
- 모두에게 배급을 동일하게 할 것.
- 평화산업을 다시 열어 생활필수품의 생산을 확대하자.
- 최대 최저한도의 임금을 결정하고 남녀 임금을 균등하게 하며 노동시간을 단축하자.
- 공장에서는 노동자의 대우를 개선하는 모든 시설을 만들어라.
- 노동자의 사회보험법을 실시하자.
- 유년에게는 6시간 노동을 실시하라.

- 국가 부담에 의한 문화 교육기관을 설립하자.
- 국수주의적 반민주주의적 교화(敎化)제도를 철폐하라.

이런 구호들을 일반적 요구-완전 독립, 언론·집회의 자유, 공산당과 노동동맹의 합법적 사업, 8시간제 실시 등-와 결부시켜야 한다. 일본 제국주의 군대를 신속히 추방하고, 일본 총독정권을 조속히 해체해야 한다. 대중 집회와 시위를 통해 인민운동을 전개해야 한다.

(ㄴ) 농민운동을 전개할 것
- 노동계급은 농민과 동맹하여 투쟁하여야 한다. 농민 대중을 전취하기 위해서는 농민의 당면 요구를 내걸고 투쟁을 시작하여야 하며 그들의 요구를 일반적 구호와 연계시켜야 한다.
- 농촌에 토지가 없어 고통을 겪은 농민의 생활 개혁 요구를 내걸 것.
- 쌀 배급에 대한 확고한 기준(1,000~1,200그램)을 정할 것.
- 누구에게나 공평한 생활필수품에 대한 배급을 확립할 것.
- 농민의 교화기관을 국가 부담으로 실시할 것.
- 문맹 퇴치운동을 전개할 것.
- 지주의 토지를 몰수하여 농민에게 분배할 것.
- 조선의 완전 독립.

이 구호들을 일반적 요구와 결부하여 집회 시위 방식으로 대중운동을 전개해야 한다. 일본 제국주의자들에 의해 공장에서 내쫓긴 실업자들이 일자리에 복귀해야 한다. 공장주는 독단적으로 노동자들을 해고하여서는 안 된다. 이를 위하여 모든 실업자들은 투쟁하여야 한다. 실업자 운동은 전반적인 노동운동과 연계되어야 한다. 공산당은 노동청년과 농민청년을 조직하면서 공산청년운동을 전개하여야 한다. 공산청년운동 둘레에 광범위한 청년대중을 결속시켜야 한다. 인민전선의 구호 밑에 소부르주아지도 운동에 견인해야 한다.

조직사업

노동자·농민의 대중 사이에서 모든 기본적 조직과 보조적 여러 단체를 조직할 것이다. 조직사업에 있어서 무엇보다도 먼저 당의 기초조직인 공장 '야체이크'를 확립할 것이 급선무이다. 이와 동시에 대중적 보조단체를 내세우고 대중을 투쟁적으로 동원할 줄 알아야 한다.

(ㄱ) 조직이 없는 공장과 도시 농촌에 있어서는 당의 기본조직을 새로 조직하기에 힘써야 한다.
(ㄴ) 이미 존재화한 것은 이를 대중화하여 확대 강화함으로써 전투적으로 대중투쟁을 능히 독립적으로 지도할 수 있는 볼셰비키적 조직으로 전환할 것.
(ㄷ) 공장 '야체이크'가 적어도 3, 4개 이상 있는 도시에서는 '야체이크'의 대표회의에서 당 도시위원회를 창설할 수 있다. 도시 및 지방 당조직 대표들은 전국 대표회의를 소집하고 여기에서 중앙위원회를 선출할 것이다.
(ㄹ) 보조적 대중단체를 조직할 것. 도시위원회, 노동조합, 공산청년동맹, 인민전선, 부인대표회, 혁명자후원회, 프롤레타리아문화동맹 등
(ㅁ) 농촌조직. 농민위원회, 농촌노동자조합, 공산청년동맹, 소년대(피오니에르), 인민 전선.

아울러 옳은 정치노선을 위한 투쟁을 전개할 것이다. 옳은 정치노선을 내세우고 이것을 실천하려면 모든 옳지 못한 경향과 적극적 투쟁을 전개하여야 한다. 과거의 파벌들은 다시금 파벌주의를 부식하기 시작한다. 그들은 사회개량주의자가 아니면 우경적 기회주의자이니 이러한 단체와 그 경향을 반대할 것이다. 사회개량주의자의 영향 밑에 있는 군중을 우리 편으로 전취할 것이며 우경적 기회주의자에게는 자기비판을 전개시킬 것이다.
이와 동시에 극좌분자들과 투쟁하여야 하는바 그들은 인민과 분리될 위험성을 조성하고 있다. 그들은 일체의 준비 없이 폭동을 일으키려고 하는 데까지 이르

렀다. 이것은 옳지 못하다. 폭동을 일으키기 위하여서는 인민을 조직하며 옳은 전략을 세우고 그에 대해 인민들을 준비시켜야 한다.

우리는 우경적, 극좌적 경향을 극복 청산하고 모든 힘을 기본 노선 실현에 집중할 것이다. 우리의 투쟁 원칙은 이와 같은 것이다.

프롤레타리아의 헤게모니를 위한 투쟁

조선의 노동계급은 자기의 혁명적 전위요, 그 정당인 공산당을 가져야 하며 이 당의 옳은 지도 밑에서 대중을 동원하여 전취하여야 하고 여기에서도 프롤레타리아트의 영도권 확립이란 문제가 서게 된다. 이 문제는 노동계급이 조선 농민대중을 자기편으로 전취하고 못함에 따라서 결정되는 것이다. 노동자는 농민과 협동전선을 결성하여 조선의 독립과 토지혁명과 기타 모든 민주주의혁명의 과업을 완전히 실행할 수 있는 것이니, 농민은 노동계급의 혁명적 옳은 지도를 받아야만 자기 해방이 가능한 것이다. 그러므로 '노동자·농민의 민주주의적 독재'라는 전략적 표어가 실현됨에 있어서 또한 '프롤레타리아의 헤게모니의 확립'이라는 역시 중요한 문제가 먼저 해결되어야 한다. 노동계급의 영도권 문제는 농민의 전취 문제 및 민족개량주의자의 영향 밑에 있는 일반 인민대중과의 협동전선 결성 문제와 연관되어 있는 것이다.

인민정권을 위한 투쟁을 전국적으로 전개할 것

우리는 정권을 위한 투쟁을 전국적 범위로 전개하여야 하며 해방 후의 새 조선은 혁명적 민주주의 조선이 되어야 한다. 기본적 민주주의적 여러 가지 요구를 내세우고 이것을 철저히 실천할 수 있는 인민정부를 수립하여야 한다. 그러므로 반민주주의적 경향을 가진 반동단체에 대해서는 단호하게 투쟁하여야 한다. '정권을 인민대표회의로'라는 표어를 걸고 진보적 민주주의를 위한 투쟁을 할 것이다. 이에 대지주, 고리대금업자, 반동적 민족부르주아지와 싸우며, 특히 민족 및 사회개량주의자의 영향 밑에 있는 일반 인민대중을 우리 편으로 전취함에 있어서 그들의 개량주의적 본질을 구체적으로 비판하여 폭로할 것이다. 노동자는 농민대중은 물론 일반 인민대중을 자기편으로 전취하여야 한다.

'인민정부'에는 노동자·농민이 중심이 되고 또한 도시 소시민과 인테리겐챠가 참가하여야 한다. 이 조건에서만 이런 정부는 일반 근로인민의 이익을 대표하는 기관이 된다. 이것이 점차 노동자·농민의 민주주의적 독재정권으로 발전하여서 혁명의 높은 정도로의 발전을 보장하는 전제조건을 만드는 것이다.

1945년 8월 20일. 조선공산당 재건준비위원회[3]

---

[3] 8월 테제에 처음 나타난 '조선공산당 재건준비위원회'를 기반으로 실제 조선공산당이 1945년 9월 11일 재건되었다. 1925년 창립된 당이 20돌을 맞아 재건된 셈이다. 재건된 당 중앙위원회의 명단은 주목할 필요가 있다. 28명 가운데 특히 10위 안에 드는 중앙위원 서열이 그렇다. 1) 박헌영 2) 김일성 3) 이주하 4) 박창빈 5) 이승엽 6) 강진 7) 최용건 8) 홍남표 9) 김삼룡 10) 이현상 순서다.

박헌영은 중앙위원으로 '총비서'라는 당의 제1인자였다. 김일성은 박헌영에 이어 서열 2위다. 1945년 9월 20일, 조선공산당 중앙위원회는 8월 테제를 토대로 '정치노선에 대한 결정, 현 정세와 우리의 임무'를 채택했다.

나가는 말

21세기 박헌영: 남과 북에 보내는 메시지

"지식인다운 외모와 다소 멋쩍어하는 듯한 미소, 눈에 띄지 않을 만큼 주위를 살피는 태도와 침착하고 과묵함. 왠지 무게가 있어 보이는 모습."
러시아 역사학자이자 해방 정국에서 서울주재 소련 영사의 아내였던 샤브시나가 기록한 박헌영의 첫인상이다. 샤브시나는 섬세했다. "눈에 띄지 않을 만큼 주위를 살피는 태도"라고 쓴 글에 혹시라도 오해가 있을까 싶었는지 괄호 치고 덧붙였다. '지하활동의 오랜 습관으로 인한 듯.'
그랬다. 박헌영. 그는 지식인다운 외모와 다소 멋쩍어하는 듯한 미소를 띠고 있었다. 그 시절 김일성의 모습과는 사뭇 대조적이다.
흔히 역사에서 가정은 부질없다고 한다. 현실을 냉철하게 보아야 한다는 사람일수록 더 강조하는 말이다. 이해할 수 있다. 현실을 무시할 뜻도 전혀 없다. 하지만 과연 그럴까. 역사의 가정은 우리에게 과거를 재구성하는 성찰력만이 아니라, 미래를 새롭게 열어가는 상상력을 준다.
만일 김일성이 아니라 박헌영이 북의 지도자가 되었다면 20세기 후반의 우리 역사는 어떻게 전개되었을까. 박헌영은 혁명가이자 경기고와 모스크바 국제레닌학교를 졸업한 당대의 지성인이었다. 해방공간에서 김일성이 박헌영을 '이론가 선생'으로 호칭하면서 비아냥댄 데에는 심적 부담이 숨어 있었을 터다.
두 사람의 운명은 극적으로 엇갈렸다. 김일성은 지금도 조선민주주의인민공화국의 주석으로 '영생'하고 있다. 당 기관지 〈로동신문〉이 표기하는 '주체' 연호는 김일성이 태어난 1912년이 기점이다. 조선로동당은 조선 민족을 '김일성 민족'이라고 주저 없이 선언한다. 그 당의 창건일은 1945년 10월 10일이다.

하지만 조선로동당의 창건일에는 박헌영의 붉은 피가 서리서리 맺혀 있다. 1945년 10월 10일에 조선로동당이라는 당은 없었다. 그날 열린 것은 조선공산당의 38선 북쪽에 있던 5개 도당 책임자 회의였다. 조선공산당의 중앙은 서울에 있었다. 38 이북과 이남을 아우른 조선공산당 중앙의 책임자가 박헌영이다. 김일성은 박헌영에게 요청해 38선 이북에 조선공산당 분국을 만들고, 이듬해부터 그 분국을 공공연히 '북조선공산당'으로 부르다가 조선신민당을 흡수하며 당 이름을 '북조선로동당'으로 바꿨다. 그해 미군정은 조선공산당을 불법화했고 남쪽에도 남조선로동당이 창당(남로당)됐다. 조선로동당이라는 이름은 1949년 6월 남조선로동당과 김일성이 주도하던 북조선로동당이 합당하면서 등장한다.

조선공산당의 지도자였고 조선로동당의 초대 부위원장이던 박헌영은 북에서 미제의 간첩으로 몰려 처형당했다. 남쪽에서도 그는 잊혀진 사람이 되었다. 그런데 왜 뜬금없이 '21세기 박헌영'인가?

박헌영과 조선공산당 주요 간부들이 평양에서 체포된지 꼭 60년이 되는 2013년 오늘, 나는 남과 북 모두 그 역사적 트라우마를 치유하지 않고서는 남북통일이 이뤄지기 어렵다고 판단한다. 남은 이미 주세죽도, 김단야도 독립운동을 인정해 복권했다. 박헌영은 '국민 정서'에 미뤄 어려울 수 있다. 하지만 바로 그 '국민 정서'를 넘어설 때 대한민국은 한 단계 더 성숙한 민주주의로 나갈 수 있지 않을까.

오히려 문제는 북이다. 김일성-김정일-김정은으로 이어지는 체제에서 박헌영의 존재를 인정하기는 어려울 수 있다. 그런데 여기서도 발상의 전환이 필요하다. 김일성과 김정일의 어법으로 얼마든지 풀 수 있기 때문이다. 김일성은 1945년 평양에 들어와 첫 대중연설에서 "어떠한 당파나 개인만으로 이 위대한 사명을 완수할 수는 없다"고 말했다. 그렇다. 어떠한 당파나 개인만으로 통일을 이룰 수 없다. 김정일도 언제나 강조한 게 '통 큰 단결'과 '통 큰 결단'이었다. 아직 젊은 김정은이, 더구나 남로당 숙청과는 전혀 무관한 김정은이 북의 정치경제 체제를 발전시켜갈 지향점이기도 하다.

이 책 『박헌영 트라우마』가 북쪽의 조선로동당 지도부에 보내는 '메시지'는 깨끗하다. 남쪽에서 탄압을 피해 올라간 사회주의자들을 옹근 60년 전, '미제의 간첩'으로 몰아 체포한 큰 과오를 통 크게 바로잡기 바란다.

오해가 있을까 해서 명토박아두지만 박헌영의 복권을 제기하는 것은 현존하는 평양의 정치체제를 전면 부정하는 것[1]과 곧장 이어지지 않는다. 그 둘은 맥락이 다른 문제이거니와 엄연히 60년 넘게 전개되어 온 역사적 과정을 그 누구도 지워버릴 수 없는 일이다.[2]

남과 북의 대화는 언제든 어디서든 갈등을 풀기 위해 필요하며, 박헌영의 복권을 남북대화의 전제로 내세우는 것도 현명한 판단이 아니다. 오히려 박헌영 복권을 위해서라도 남북대화는 이어지고 깊어져야 옳다는 적극적 사고가 필요하다.

대화를 통해 서로 풀어가야 할 문제들을 차근차근 짚어가는 과정이 곧 통일에 이르는 길이다. 남과 북이 당장 통일을 이루는 게 아니라 대화를 하며 통일을 준비하자는 게 2000년 6·15공동선언의 고갱이라면 더욱 그렇다.

남의 체제와 북의 체제가 통일을 위해 서로 한 단계 더 성숙해가야 한다면, '박헌영 트라우마'[3]의 치유는 그 시금석이 될 수 있다. 8월 테제에서 박헌영이 제시한 진보적 민주주의 국가의 개념도 재조명할 필요가 있다. 남과 북이 통일되었을 때 진보적 민주주의 국가는 공통된 목표가 될 수 있어서다. 물론, 그다음 단계를 어디로 갈 것인가는 다음 세대의 몫이다. 그다음 단계가 박헌영이 살았던 시기의 '소련 모델'이라고 생각하는 사람은 이제 더는 없을 터다. 소련의 힘이 강력하던 시기와 그 나라가 세계 지도에서 아예 사라진 지금은 시대가 확연히 다르다. 역사의 전개 과정에서 어떤 사람도 시대의 한계를 넘어서진 못한다.

1980년대에 이 땅의 순수한 영혼들을 사로잡았던 '자주'와 '통일' 또한 한 차원 높여 2010년대에 걸맞게 재구성해야 옳다. 바로 여기에 이 책 『박헌영 트라우마』가 남쪽에 던지는 '메시지'가 있다.
조용히 성찰해보자. 박헌영이 지금 살아 숨 쉬고 있다면 어떤 길을 걸어갈 것인가? 그 물음은 우리 사유의 지평을 넓혀주고 내일을 열어가는 우리의 상상력을 풍부하게 해준다. 바로 그 지점에 21세기 박헌영이 서 있다.
지식인다운 외모와 다소 멋쩍어하는 듯한 미소, 침착하고 과묵해 왠지 무게가 있어 보이는 모습으로.

1 1980년대 주체사상을 학생운동에 앞장서서 전파한 김영환이 박헌영을 미제의 간첩으로 규정한 게 섣부른 판단이듯이, 그가 비밀리에 평양으로 가 김일성을 만난 뒤 조직한 이른바 뉴라이트의 반북운동 또한 섣부르다. 박헌영을 간첩으로 몰아세울 만큼 김일성주의에 투철한 김영환과 김일성주의 타도를 외치며 반북운동을 벌이고 있는 김영환은 정반대의 모습이지만 천박한 역사인식이라는 점에서 논리적 일관성을 짚을 수 있다.

2 남북관계에 갈등 요인이 되고 있는 북핵, 인권, 3대 세습에 대해 남쪽에서 우리가 어떻게 대응할 것인가에 대해 나는 이미 다음과 같이 제시했다. "북핵 문제는 북·미 핵 문제로 보는 게 옳다. 북의 핵무기도 미국의 핵무기도 우리는 동의하지 않는다. 북과 미국이 대화를 통해 해결할 수 있도록 돕는 게 남쪽에서 살아가는 사람들이 선택할 수 있는 가장 현실적 길이다. 인권 문제의 해결책도 가장 효과적인 길은 북·미 국교 정상화에 있다. 무엇보다 기본적인 인권인 생존권을 위해서라도 북·미 핵 문제와 별개로 조건 없는 식량 지원에 나서야 옳다. 3대 세습에 흔쾌히 동의할 사람이 남쪽에 누가 있겠는가. 북이 스스로 사회주의다운 체제를 이룰 수 있도록 조건을 마련해주는 것이 필요하다. 그렇게 하기 위해서도 우리가 할 일은 비판보다 대화에 있다." 손석춘, 「그대 무엇을 위해 억척같이 살고 있는가?」, (철수와영희, 2012).

3 지금까지 이 책에서 분석한 '박헌영 트라우마'는 새로운 '임상심리 개념'이다. 거짓말로 상대를 크게 해코지한 사람이나 집단에게 남는 깊은 상처를 이른다. 해코지하면서 내세운 명분이 스스로 거짓임을 잘 알고 있기에 그것을 정당화하기 위해 끊임없이 거짓말을 하면서 마침내 그 거짓말을 진실이라고 믿는 중증까지 나타난다. 역사적 인물 박헌영의 파란만장한 삶에서 비롯한 이 트라우마는 병명도 모른 채 1953년에서 2013년까지 옹근 60년 동안 남과 북에 만연했다. 이 책은 그 트라우마를 치유하려는 첫 걸음이다. 모든 트라우마의 치료가 그렇듯이 박헌영 트라우마의 치유책 또한 박헌영의 진실을 직시하는 데서 출발한다.

박헌영 연표[1]

1900년 5월 28일(음력 5월 1일)[2]
충남 예산군 광시면 서초정리에서 아버지 박현주(朴鉉柱 1867~1934)와 어머니 이학규(李學圭 1867~1943) 사이에 출생했다.

1912년 4월
대흥보통학교 입학. 서당에서 공부하다가 신학문을 배워야 한다는 어머니의 판단으로 2학년에 편제되었다.

1915년 3월
대흥보통학교 제1회 졸업.

1915년 4월
고향을 떠나 경성(서울)으로 유학했다. 경성고등보통학교(현 경기고) 1학년 담임선생의 소견에 따르면 박헌영은 "순정(純正), 종순(從順), 쾌활"했고, 복장은 청결, 언어는 명료했다. 같은 해에 조선중앙기독교청년회(YMCA) 학관에서 영어공부를 시작했다.[3]

1919년
3·1운동 참가.

1920년
잡지 〈녀자시론〉 편집원. 〈녀자시론〉 창간호는 1920년 1월 24일에 발행되었다.

1920년 9월
일본 도쿄를 거쳐 11월 중국 상하이로 망명.

1920년 말~1921년(22세) 초
상하이에서 사회주의 운동에 처음 가담하다.

1921년 3월
고려공산청년단 상하이회 결성에 참가하고 그 비서가 되다. 4월 상하이 상과대학에 입학하고 이르쿠츠크파 고려공산당이 운영하던 사회주의연구소에서 다니며 연구했다.

1921년 봄
주세죽(朱世竹)과 결혼. 주세죽도 3·1운동에 참가했다가, 함흥의 일본 경찰에 체포되어 1개월 동안 유치장에 감금되었다. 석방 후 1921년까지 함흥의 한 병원에서 일했다. 그해 4월 상하이로 가서 1922년 5월까지 영어와 음악을 배웠다.[4]

1921년 8월
북경에서 고려공청 중앙총국 결성에 참여하고 중앙집행위원이 되다. 그해 10월 고려공청은 일본인 공산주의자이자 에스페란토 연구자 환영회, 러시아 혁명시인 에레젠코 강연회를 주최했다.

[1] 『이정 박헌영 전집』 9권의 연보를 근거로 재구성했다.

[2] 1950년 5월 28일 박헌영의 제50회 생일을 기념하여 조선로동당 중앙위원회, 조선민주주의인민공화국 내각, 조국통일민주주의전선 중앙위원회가 축사를 보냈다. 축사는 〈로동신문〉에 게재되었다. 조선민주주의인민공화국 최고인민회의 상임위원회가 생일 전야인 1950년 5월 27일자로 국기훈장 제1급을 수여했다는 기사도 게재되어 있다. 1900년 5월 28일은 음력으로 5월 1일이다.

[3] 2학년 때부터 3년을 함께 같은 반에서 공부한 최기룡에 따르면 박헌영은 말이 없고 다른 학생들과 잘 어울리는 편은 못 되었으나 퍽 침착했고 사려가 깊었다. 늘 수수한 흰 두루마기의 한복을 입고 다녔다. 당시는 새 학기가 4월 초에 시작하여 다음해 3월 말에 끝났다. 동급생이던 작가 심훈은 당시 박헌영을 다음과 같이 그렸다. "사나이다운 검붉은 육색(肉色)에/양 미간(兩眉間)에는 가까이 못 할 위엄이 떠돌았고/침묵에 잠긴 입은 한번 벌리면/사람을 끌어당기는 매력이 있었더니라."

[4] 당시 상하이에서 조선혁명을 위해 활동하던 청춘남녀들이 심훈의 첫 장편소설 『동방의 애인』(1930)에 그려져 있다. 소설 주인공 김동렬은 박헌영을, 그의 연인 강세정은 주세죽을 모델로 했다. 심훈은 뒷날 쓴 시에서 자신과 박헌영은 "음습한 비바람이 스미드는 상해의 깊은 밤 어느 지하실에서 함께 주먹을 부르쥐던" 사이였다고 표현했다.

1922년 3월 20일
국제공산청년동맹 집행위원회로부터 승인된 고려공산청년회 중앙총국의 비서가 되었다. 총국은 곧 국내 이전을 준비했다. 4월 2일 비밀리에 입국하려다가 중국 안동현의 한 음식점에서 신의주 경찰에 체포되었다.

1922년 5월 30일
신의주 지방법원에서 1년 6월의 징역형을 선고받고 평양 형무소에서 복역했다. 당시 신문들은 크게 보도했다.

1924년 1월 19일
만기 출옥. 〈동아일보〉는 그가 출옥해 경성에 왔다고 보도했다.

1924년 2월 11일
경성에서 청년단체 신흥청년동맹을 결성하고 단체의 기관지인 〈신흥청년〉을 담당했다. 집행위원장에 상해 출발 당시부터 동지인 임원근을 취임시켰다. 이어 3월 1일, 고려공산청년회 중앙총국 책임비서로 재선임됐다.

1924년 3월 11일부터 한 달 동안
신흥청년동맹의 첫 전국 순회강연에 참가하여 남부지역을 순회했고 당시 신문이 기사화했다. 순회강연을 마친 뒤 4월 15일, 〈동아일보〉에 입사한다.

1924년 4월 21~23일
조선청년총동맹 창립대회에 참가했다. 그해 8월 '국제청년데이의 의의'를 〈개벽〉 제51호(1924년 9월호)에 발표했다. 10월 신흥청년동맹 주최 청년문제 강연회에서 '식민지 청년운동'이라는 제목으로 강연하다. 강연회 또한 신문이 보도했다.

1925년 1월 15일
신흥청년동맹 주최 카를 리프크네히트, 로자 룩셈부르크 사망 제6주년 대연설회에서 '군국주의운동과 청년'이라는 제하로 연설하다. 1월 25일 '조선의 현상 및 당의 계획', '당의 파열의 원인 및 당의 조직방침' 등을 작성하여 국제공청 앞으로 제출하다.

1925년 4월 17일
경성 한복판에 있는 중국음식점에서 조선공산당을 창립하다.[5] 박헌영은 다음날 조선공산당의 청년조직인 고려공산청년회 제1차 창립대표회의를 조직하고 4월 21일 고려공청 제1회 중앙간부회에서 책임비서로 선임되었다.

1925년 6월
〈동아일보〉에서 파업 조직자 혐의로 해고되었다. 두 달 뒤인 8월에 〈조선일보〉에 입사했다.

[5] 창립대회가 열리던 시점에 경성에서 전조선 기자대회와 전조선 민중운동자대회가 소집되고 있었다. 4월 15일부터 17일까지 3일 동안 개최된 전조선 기자대회는 언론인들의 모임인 무명회(無名會)가 주최했다. 〈동아일보〉·〈조선일보〉·개벽사 등의 기자 500여 명이 참석했다. 민중운동자대회는 노동자·농민·청년·사상단체 425개의 대표자 508명이 모여 4월 20일에 개최할 예정이었다. 두 개의 대규모 집회로 인해 전국 각지에서 사회단체 지도자들과 신문기자들이 경성에 운집했다. 조선공산당 창립대회가 경성 한복판에서 대낮에 대담하게 개최될 수 있었던 까닭은 바로 여기에 있다. 일본 경찰의 감시망이 두 개의 전국 규모 집회를 단속하느라고 분망한 시기를 이용했다.

1925년 10월 15일
〈조선일보〉에서 해직됐다. 10월 25일 청년단체 강연회에서 '과학과 종교'라는 제목으로 강연하다. 신문사들이 강연회를 보도했다.

1925년 11월 29일
아내 주세죽과 함께 종로경찰서에 체포되다. 그의 체포 사실은 신문에 크게 보도됐다.

1927년 9월 13일
조선공산당 사건 제1회 공판에서 과감히 법정 투쟁에 임하다.[6] 정숙하라는 요구를 묵살하고 박헌영은 "공산주의자의 목적은 조선의 민족해방과 정의의 실현"이라고 말했다. 천천히 나직하게 얘기했지만, 한 마디 한 마디는 혼을 사르고 희망을 북돋우는 것이었다는 증언이 남아 있다. 그로 인해 살인적 고문을 당했다.

1927년 10월 7일
다시 옥중 단식에 돌입하다. 그의 단식 투쟁은 신문에 연일 기사화됐다. 그해 11월 22일 병보석으로 출감하여 병원에 입원했고 그 또한 여러 신문에 기사화됐다.

1928년 8월
부인 주세죽과 함께 소련으로 탈출해 10월까지 블라디보스토크에서 국제혁명가 구원회의 도움으로 휴양하며 건강을 회복했다.

1928년 11월 5일
모스크바에 도착해 11월 20일 국제레닌학교에 입학 청원했다. 12월 6일, 국제공청 집행위원회 비서부는 박헌영의 국제레닌학교 입학을 추천하다. 국제레닌학교를 다니며 코민테른 동양비서부 조선위원회 일을 맡았다.

1932년 1월 25일
국제레닌학교를 졸업하고 곧장 조선공산당 재건운동 참가를 위해 상해에 도착하다. 상해에서 김단야와 함께 조선 공산주의운동 기관지 〈콤무니스트〉를 발행했다.

1933년 7월 5일
상하이에서 일본영사관 경찰에게 체포되어 8월에 경성으로 압송됐다. 그의 체포와 경성 압송은 물론, 그 뒤 법정 투쟁 모두 기사화됐다.

1934년 12월 27일
경성지방법원에서 징역 6년형을 선고받다.

1939년 9월
대전형무소 출옥해 한때 고향인 예산군 신양에 머물렀다. 그해 12월 12일, 경성콤그룹의 당시 지도자 이관술과 만나 운동 전반에 대해 협의했다

[6] 조선공산당 공판은 "1912년에 일어난 데라우치 총독 암살음모의 105인 사건과 기미년 3·1운동 당시의 48인 사건을 아울러 조선의 3대 사건"의 하나로 지칭되었다.

1939년 12월 말~1940년 1월
약 40일 동안 청주 비밀 아지트에 기거하면서 지하운동에 종사하다. 이때 아지트의 살림을 맡고 있던 정순년(鄭順年)과 만났다. 1940년 2월경부터 약 1년간 서울 비밀 아지트에 기거하면서 지하운동을 벌였는데 이때 정순년이 임신했다.

1941년 1월
경성콤그룹 제1차 검거사건을 피하기 위해 경성 아지트를 버리고 대구로 피신하다. 이관술, 이현상, 김삼룡은 체포되었다. 배가 불러오던 정순년은 그전에 청주 비밀 아지트로 내려보냈고 3월 21일 아들 박병삼이 태어나다. 해산할 때 박헌영의 어머니 이학규가 찾아왔다.

1942~45년
대구를 떠나 광주로 잠입했다. 가명으로 김성삼(金成三)을 썼다. 광주 방직공장의 화장실 청소부에 이어 벽돌공장 노동자로 일하며 지하활동을 이어갔다. 경성의 소련 영사관과 비밀리에 연락을 취하는 한편 경찰을 피해 뿔뿔이 흩어진 콤그룹 조직원들과 연계를 수립해나갔다. 당시 박헌영은 주로 제2차 세계대전과 태평양전쟁, 일본의 패망, 조선에서의 혁명사업을 거론했다.

1945년 8월 15일
광주에서 일본의 패망을 맞다. 3·1운동부터 해방의 그날까지 계속된 박헌영의 투쟁 역사는 그의 정치적 자산이 되었다. 해방 후 간행된 출판물에서 박헌영은 "해방 조선의 산 역사", "27년 동안 꾸준한 초인적 투쟁을 계속한 철(鐵)의 인(人)"이라는 평가를 받았다.[7]

1945년 8월 17일
광주를 출발하여 18일 서울에 도착하다. 상경 도중 이제 막 출옥한 김삼룡과 전주에서 합류했다. 서울로 온 뒤 곧장 경성콤그룹 멤버들과 감옥과 지하에서 나온 다른 공산주의자들을 모았다. 이날 조선공산당 재건준비위원회를 만들고, 〈해방일보〉 창간을 결정했다.

1945년 8월 20일
머무르고 있던 서울 명륜동 김해균의 집에서 조선공산당 재건준비위원회를 결성하고 자신이 작성한 '현 정세와 우리의 임무'라는 테제를 정식으로 제기. 잠정적인 정치노선으로 통과시켰다. 이것이 이른바 '8월 테제'이다. 이어 도당 조직을 설립하기 위해 전권대표들에게 위임장을 주어 전국(남과 북 모두)에 파견했다.

1945년 9월 9일
미군이 서울에 진주하다.

1945년 9월 11일
재건준비위원회를 해체하고 조선공산당을 재건하다.

---

[7] 실제로 8월 15일 오후, 서울 종로 네거리에 다음과 같은 유인물이 붙었다. "지하에 숨어 있는 박헌영 동무여! 어서 나타나서 있는 곳을 알려라! 그리하여 우리의 나갈 길을 지도하라!" 조악한 반지(半紙)에 졸렬한 필치로 등사한 사실로 미루어 평범한 노동자들이 만든 것이 분명했다. 담벼락과 전주에 며칠에 걸쳐 붙었다. 일제의 탄압으로 연락이 끊겼던 작은 지하 서클이나 지역 조직이 새로운 정세를 맞아 통일된 지도를 갈망하고 있었음을 알 수 있다.

1945년 10월 초
노동조합운동 지도자 7명과 회견하고 전국적 규모의 노동조합 연합단체 결성을 의뢰하다.

1945년 10월 8일
개성 근처 소련군 38경비사령부 회의장에서 박헌영, 김일성, 두 사람의 직계 7명, 소련군 사령부 민정사령관 로마넨코가 참석한 회의가 열렸다. 이북의 공산당을 끌고 나갈 수 있는 조직을 설치하자는 김일성의 주장에 박헌영은 일국 일당 원칙을 들어 반대했다. 동석한 로마넨코는 김일성을 지지했다. 결국 중앙당에 속하되 북쪽 지역의 공산당조직을 지도할 수 있는 중간 기구로서 북조선 분국을 설치하는 것으로 합의했다.

1945년 10월 10~13일
평양에서 '조선공산당 서북5도당 책임자 및 열성자대회'가 열리다. 이 대회에서 조선공산당 북부조선 분국이 창설되다.

1945년 10월 16일
오후 5시 이승만이 미 군용기 편으로 김포공항에 도착, 환국하다

1945년 10월 23일
조선공산당 중앙위원회 총비서 자격으로 당 북부조선분국 설립 승인서를 작성하여 각급 도당위원회 앞으로 발송했다. 승인서는 《해방일보》 1945년 11월 15일자에 게재되었다.

1945년 10월 27일
미 제24군 사령관 하지 중장과 오후 3시부터 5시까지 반도호텔 하지 중장의 숙소에서 회담했다.

1945년 10월 29일
이승만과 회담하다. 회담 다음날 박헌영은 기자회견을 통해 '민족통일전선에 대한 조선공산당의 주장'을 밝혔다. 친일파를 청산한 바탕 위에서 민족통일전선이 이루어져야 함을 강조했다.

1945년 11월 5일
조선노동조합전국평의회 결성대회에 조선공산당 대표 명의로 '단결력으로 싸우자'는 축사를 보내다.[8]

1945년 11월 26일
테러 협박을 받다. 이후 숱하게 살해 위협을 받았다.

1945년 11월 28일
공산당 본부 건물에서 프랑스통신, 에이피(AP)통신, 시카고뉴스 기자 및 서울 시내 각 신문 기자단과 회견하고, 민족통일전선과 민주주의적 건국을 위해 각 정당에게

[8] 이 대회에서 박헌영은 "조선무산계급의 수령이자 애국자"로 칭송되었으며, 대회 명예의장단 가운데 한 사람으로 추대되었다. 대회 참가자들은 박헌영에게 감사의 메시지를 보낼 것을 결의했다. 또한 박헌영 노선을 절대 지지할 것도 아울러 결의했다.

[9] 내용은 다음과 같다. ① 건국의 이념은 가장 진보적 민주주의 원칙을 강령으로 한다. ② 민족통일전선에 대하여서는 친일파 민족반역자들을 제외한 국내의 모든 세력을 총합함을 주장한다. ③ 민족통일전선 결성은 국내외의 몇 개 정당이 서로 집결하여 되는 것이 아니고 대중적 조직체, 즉 전평, 전농, 전청(全靑), 전부(全婦), 천도교, 기독교, 기타 모든 민주주의단체를 망라하여 참가시키지 않으면 안 된다. ④ 민족통일정권은 이상의 대중적 조직체를 기초로 된 민족통일전선에 입각하여 수립하여야 한다. ⑤ 각 정당 각 파는 각각 여러 가지 정강을 전개하고 있는 것은 매우 좋은 일이다. 그러나 그 수단과 방법은 국민의 여론과 대중의 판단에 호소하는 길을 밟아야 한다. 폭력과 개인적 테러·살해·행동은 모두 배격하고, 이것을 책동하거나 모략하는 분자는 민족반역자, 파쇼적 반동분자로 규정하고 이러한 세력을 소청하기를 맹세하자. ⑥ 민족주의 각 정당은 난립 상태를 청산하고 주의와 강령이 같다면 단일 당으로 통일하기를 바란다.

바라는 요망사항 6개 항을 천명했다.⁹

1945년 12월 9일
전국농민조합총연맹 결성대회에서 '박헌영 동지에게 보내는 메시지'를 택하다. 전국농민조합총연맹 결성대회는 12월 8~9일 이틀 동안 열렸다. 대의원들은 12월 9일에 공산당 노선에 대한 절대 지지를 표명하면서 "조선 노동계급의 수령이오, 근로대중의 지도자"로 지칭되었다.

1945년 12월 20일
이승만은 '공산당에 대한 나의 입장'이라는 성명서를 발표하여 조선공산당과의 완전한 절연을 선언하다.¹⁰

1945년 12월 24일
전국부녀총동맹 결성대회에서 '박헌영 선생님께 드리는 글'이 채택되다. 이 글에서 박헌영은 "조선 민족의 위대한 지도자"로 지칭되었다.

1945년 12월 25일
정책 협의를 위해 평양으로 출발하다. 12월 26일 조공 평안남도당 제1차 대표대회에서 '박헌영 동지에게 보내는 메시지'를 채택하다.¹¹

1946년 1월 2일
조선공산당 중앙위원회는 모스크바 삼상회의 결정 지지 성명서를 발표하다.

1946년 1월 16일
한민당을 비롯한 40여 단체 대표자들이 회합하여 긴급대책협의회를 개최하고 '박헌영 규탄, 공산당 배격'을 결의하다.

1946년 1월 17일
조선공산당 중앙위원회는 "박헌영을 무고하는 한민당 간부들은 사죄할 것"을 요구하는 성명서를 발표하다.

1946년 2월 9일
평양에서 김일성을 위원장으로 하는 북조선임시인민위원회가 성립되다.

1946년 2월 13일
조선공산당은 민주주의민족전선 결성에 모든 민주주의 세력이 참가할 것을 요청하는 성명서를 발표하다. 박헌영은 2월 15~16일 서울 종로 YMCA 강당에서 열린 '민주주의민족전선' 결성대회에 참석했다. 대회 첫날 박헌영은 해방 후 처음으로 공개된 군중집회에 모습을 드러냈다. 그는 조선공산당 총비서 자격으로 연설했다. 연설문은 '민주주의적 실천만이 완전 독립의 최첩경'이라는 제목으로 1946년 2월 15일자 《해방일보》에 실렸다.

10 이 방송에서 이승만은 온 세계를 파괴하는 자도 공산주의자요, 조선을 파괴하는 자도 공산주의자라고 표현했다. 이어서 "이 분자들과 싸우는 방법은 (…) 친부형이나 친자질(親子姪)이라도 원수로 대우해야 할 것이다. 대의를 위해서는 애정과 친소(親疏)를 돌아볼 수 없다"고 주장했다.

11 이 메시지에는 평남도당의 발전이 박헌영 영도하에서 이루어졌다고 쓰여 있다. 또한 조공 중앙과 북조선분국의 영도를 앞으로 더욱 충실히 집행하겠다는 서약이 명시되어 있다. 또한 박헌영에게 최대의 경의를 표하며, 건강을 기원한다는 말로 끝맺고 있다. 이 메시지는 조공 북부조선분국 기관지 《정로(正路)》에 게재되었다.

1946년 3월 중순
박헌영, 허헌 등 민전 요인에 대한 암살 위협이 증대되다.

1946년 3월 13일
여운형과 회견하다.

1946년 3월 20일
조선공산당 중앙위원회는 미소 공동위원회 개회에 즈음하여 '미소 공동위원회에 대하여 우리는 이렇게 기대한다'는 성명서를 발표하다.

1946년 3월 24일
조선공산당 중앙위원회 선전부는 성명서를 발표하여 미군정에 의해 시행된 각종 악법이 조선의 민주주의적 발전을 가로막고 있다고 비난하다.

1946년 4월 4일
조선공산당은 미국 서부해안 일대에 발생한 대규모 해일 사태에 대해 위문의 뜻을 담은 담화를 발표하다.

1946년 4월 5일
평양 체재 조선공산당 북조선분국 집행위원회에 참석하고 6일 서울로 귀환하다. 4월 6일 미국의 샌프란시스코 방송은 미 점령군 당국이 남한에서 단독정부를 모색하는 중이라고 보도했다. 4월 8일 이승만은 남조선 단독정부 수립설에 대한 용인 의사를 밝혔다.

1946년 4월 25일
서울 명동성당에서 열린 제2회 전조선 신문기자대회에 '정의의 붓을 들라'라는 제하의 축사를 보내다.

1946년 5월 8일
미소 공동위원회 무기한 휴회에 들어가다. 같은 날 공산당 간부 박낙종 등이 위조지폐 사건 혐의로 미군정 경찰에게 체포되다.

1946년 5월 15일
미군정 경찰 제1관구 경찰청장 장택상은 위조지폐 사건에 대한 수사결과를 발표하다. 발표에 따르면, 조선공산당 총무부장 겸 재정부장 이관술과 중앙위원 겸 해방일보 사장 권오직, 조선정판사 사장 박낙종과 서무과장 송언필을 포함하여 조선정판사에 근무하는 조선공산당원 14명이 위조지폐 발행에 연루되어 있다고 한다. 같은 날 조선공산당 중앙위원회는 이른바 위조지폐 사건과 조선공산당은 아무런 관계도 없다는 내용의 성명서를 발표했다.

1946년 5월 16일
미 군정청을 방문하여 위조지폐 사건에 대해 질문하고, 의견서를 제출하다. 이에 대하여 매그린 경무부장은 "이 사건에 당원이 관계되어 있는 것이지 공산당에서 한 일이라고 발표한 것은 아니라"고 답변하였다.

1946년 5월 18일
미군 첩보기관 CIC 요원들이 조선공산당 당사와 해방일보사 사무소를 수색하다. 5월 27일 미 군정청 적산관리과는 조선공산당에게 현재 입주해 있는 근택빌딩에서 40시간 내에 퇴각할 것을 명령하다.

1946년 6월 3일
정읍에서 이승만이 남한 단독정부 수립을 주장하다.

1946년 6월 4일
조선공산당은 남조선 단독정부 반대 담화를 발표하다.

1946년 6월 24일
서울주재 소련영사관이 남한에서 철수할 뜻을 천명하다. 미군정 당국은 서울주재 소련영사관이 남한 좌익운동의 중심이 되고 있음을 엄중 항의했다.

1946년 7월 1일
조선공산당은 미군정의 남조선 입법기관 설립 움직임에 반대하는 담화를 발표하다.

1946년 7월 1일
조선공산당 대표단의 일원으로 모스크바를 방문. 10여 일간 체재하면서 소련공산당 지도자들과 회견하다. 조선공산당 대표단은 스탈린과 회견했다. 스탈린은 좌익 정당들의 통합 필요성을 주장했다.[12]

1946년 7월 4일
조선공산당은 중앙위원회 대표 박헌영 명의로 미국 독립기념일에 즈음한 축하 메시지를 하지 장군에게 발송하다.

1946년 8월 3일
조선인민당 중앙위원장 여운형이 공산당과 신민당 앞으로 3당 합당을 제의하는 서한을 보내다. 박헌영은 8월 4일 오후, 조선공산당 중앙위원회 총비서 자격으로 조선인민당 위원장 여운형에게 인민당·공산당·신민당 3당 합당 제의를 수락한다는 내용의 회신을 보내다.

1946년 8월 29일
조선공산당 서기국은 국치일에 즈음하여 매국노 타도, 독립 완수를 주장하는 성명을 발표하다.

1946년 9월 4일
남조선노동당 준비위원회가 결성되다.

12 공산당, 인민당, 신민당 3당을 통합하여 노동당을 결성하는 이른바 '3당 합당'의 기원은 바로 여기서 배태된 것으로 보인다. 스탈린은 공산당이 사회민주당 혹은 노동당을 표방하면서 가까운 장래의 과제만을 제기하는 것은 불가능한가? 하는 문제를 제기했다. 조선공산당 대표단이 가능하기는 하지만 인민들과 상의를 해봐야 한다고 대답하였다. 그러자 스탈린은 그 자리에서 자기 스타일대로 이해하기 어렵지 않게 무심코 말했다. "인민이라니? 인민이야 땅 가는 사람들이잖소. 결정은 우리가 해야지."

1946년 9월 5일
조선공산당 서기국은 하지 장군에게 편지를 보내 지난 1년간의 미군정의 경제정책은 반인민적이며 식민지적이었다고 비난하다.

1946년 9월 6일
미군정의 명령으로 3개 좌익 신문이 폐쇄되다. 같은 날 밤 미군정 경찰에 의해 박헌영 등 공산당 지도자 체포령이 발령되다. 이어 9월 7~10일 박헌영을 체포하기 위해 6,000명의 경찰이 동원되어 서울 시내를 수색하다. 10일 이후 경찰의 수사망이 서울 근교로 확산되다.

1946년 9월 23일
부산 철도종업원 7,000명의 파업을 시발로 9월 총파업이 발발하다.

1946년 9월 29일
월북.13

1946년 9월 30일
경찰과 우익 단체가 서울 철도파업단을 습격하여 유혈 진압하다.

1946년 10월 1일
대구에서 민중항쟁이 발발한 이래 11월 중순까지 경남북·충남북·경기도 일대로 확산되다. 10월 2일 박헌영 체포령 취소를 요구하는 전단이 서울 일원에 살포되다.

1946년 10월 6일
박헌영 평양 도착. 평양에 대남사업 중앙연락소를 설치하다. 하순에 38선 이남인 개성에 비밀리에 잠입하여 일주일간 머물면서 조선공산당 간부들과 접촉하다.

1946년 11월 23~24일
조선공산당·조선인민당·남조선신민당 3당이 합당하여 남조선노동당 결성대회가 열리다. 월북해 있는 박헌영은 남조선노동당 부위원장이 되었지만 미군정은 그를 사실상의 지도자로 분석했다.

1947년 1월
대남사업 해주연락소를 설치하다.

1947년 1월 4일
스티코프(소련 제25군 정치사령관), 치스차코프(소련 제25군 사령관), 로마넨코(평양주둔 소련군 민정사령관), 김일성(북조선임시인민위원회 위원장) 4인 회담에서 박헌영의 거취와 남북조선로동당 단일 지도부의 구성에 대해 협의하다.14

1947년 3월 21일
이날 작성된 미군 정보문서는 지금 만일 총선거가 실시된다면 공산당 지도자 박헌영이 대통령에 당선될 가능성이 있다고 전망하다(G-2 Periodic Report, No.485 1947. 3. 21).

13 월북 경위는 여러 갈래의 설명이 있다. 감시망을 피해 영구차의 검은 관 속에 누워 월북했다는 설이 가장 유력하다.

14 4인 회담은 소련의 연해주 보로실로프에서 열렸다. 이 회담에서 남북조선로동당 단일 지도부의 수장을 누구로 할 것인지를 논의했다. 김두봉, 허헌, 박헌영 세 사람이 적임자로 거론되었다. 결론은 뒤로 미루기로 했다.

1947년 4월 19일
소련 몰로토프 외무상이 미국 마샬 국무장관에게 미소공위를 5월 20일 서울에서 재개하자고 제안하는 편지를 보내다. 21일 서울에서 미소 공동위원회가 재개되다.

1947년 6월 13일
〈대중신보〉에 박헌영 체포령 철회를 요구하는 캠페인이 전개되다. 같은 날 노동조합전국평의회가 하지 중장에게 박헌영 체포령을 취소해달라고 청원하다. 6월 26일 충남·경기 농민 대표들이 미소공위를 방문하고 박헌영 체포령 취소에 협력해줄 것을 요구하다. 이어 지역 농민 대표들의 요구가 잇따르다.

1947년 7월 19일
서울 혜화동에서 여운형이 암살되다.

1947년 10월 18일
제2차 미소 공동위원회가 무기 휴회되다.

1947년 12월 20일
남로당 중앙위원회는 '현 정세와 우리의 임무'를 채택하여 UN 감시하에 실시되는 남한 단독선거에 대해 반대할 것을 천명하다.

1948년 2월 7일
유엔 한국위원단에 반대하는 총파업이 발발하다.

1948년 2월 13일
남로당 중앙위원회는 유엔 한국위원단에 반대하는 총파업 투쟁을 지지하고 전 인민의 총궐기를 호소하는 성명서를 발표하다.

1948년 3월 12일
김구·김규식·홍명희 등이 '7인 성명'을 발표하여 유엔 한국위원단 감시하의 단독선거를 반대하다.

1948년 3월 19일
남로당 중앙위원회는 남한 단독선거 분쇄를 위한 투쟁에 나설 것을 호소하는 성명서를 발표하다.

1948년 4월 3일
제주에서 4·3민중항쟁이 발발하다.

1948년 4월 19~24일
평양에서 열린 '남북조선 정당·사회단체 대표자 연석회의'에 참석하다. 4월 25일, 남북조선 정당·사회단체 연석회의를 환영하는 평양시민대회에 참석하여 남조선 민전 대표 자격으로 축사를 낭독하다.

1948년 5월 10일
38선 이남에서 대한민국 제헌국회의원 선거가 시행되다.

1948년 5월 20일
'당원 동지에게 고함-5월 10일 남조선 단독선거 반대투쟁 총결과 금후의 당면임무'를 발표하다.

1948년 7월 7일
평양에서 조선최고인민회의 남조선대의원선거 지도위원회 제1차 회의에 위원장 자격으로 참가하다.

1948년 8월 21일
해주에서 개막된 남조선 인민대표자대회에 참석하다.[15]

1948년 8월 25일
남북조선로동당 연합중앙위원회를 결성하고 중앙위원 겸 제2비서로 선출되다.

1948년 9월 9일
최고인민회의 제1차 회의에서 조선민주주의인민공화국 부수상 겸 외무상에 선임되다.

1949년 9월경
평양에서 윤레나(러시아명)와 재혼하다.

1949년 10월 4일
조선민주주의인민공화국과 중화인민공화국 간에 외교관계를 수립할 것을 외무상 명의로 중국 외교부장 저우언라이(周恩來)에게 제의하다. 저우언라이는 그해 10월 6일자로 박헌영에게 전보를 보내 양국 간의 외교관계 수립과 대사의 상호 교환을 환영한다고 답신했다.

1950년 5월 11일
8·15해방 5주년 기념 진행준비위원회 결성에 참여하고 그 위원장이 되다.

1950년 5월
김일성 등과 함께 북경을 방문하다.

1950년 5월 28일
박헌영 탄생 50주년을 기념하여 조선로동당중앙위원회, 조선민주주의인민공화국 내각, 조국통일민주주의전선 중앙위원회가 축사를 보내오다. 조선로동당 중앙위원회는 박헌영을 지칭하여 "자기의 전 생애를 조국의 해방과 로동계급과 근로대중의 권리를 위한 혁명적 위업에 바쳤다"고 평가했다. 5월 28일 박헌영 탄생 50주년을 축하하여 중국 외교부장 저우언라이, 독일 외무상 게오르그 데르팅게르, 소련 외무상 위신스키, 몽골 외무상 모술룬 등이 축전을 보내오다.

15 박헌영은 대회 첫날 남로당을 대표해 개회 선언을 했으며, '조선최고인민회의 남조선대의원 선거를 위한 남조선 인민대표자대회 대표선거 총결에 대하여'를 보고했다. 이 보고에서 박헌영은 남한 유권자 860만 1,746명 중에서 77.5퍼센트가 남조선 인민대표자대회 대표자 선거에 참가했다고 주장했다.

1950년 6월 25일
한국전쟁 발발.

1950년 8월 5일
외무상 명의로 유엔 안보리 의장에게 전문을 보내 미군의 야만적인 무차별 공습을 비난하고 그 중지 대책을 강구해줄 것을 요구하다.

1950년 10월 초
인천상륙작전 이후 연전연패하는 인민군 내에 총정치국을 창설하고 책임자가 되다 (인민군 중장).

1951년 3월 초
내각 산업성 산하 기업소 지배인회의에서 기본적인 전시 경제정책을 설명하다. 이어서 전쟁으로 파괴된 공장·광산·기업소를 복구하고, 모든 산업시설을 전시태세로 전환하는 문제에 대해 기업소 지배인들의 노력을 촉구했다.

1951년 5월 8일
외무상 명의로 유엔총회 의장과 안보리 의장에게 성명을 보내 미군이 조선에서 세균전 무기를 사용하고 있음을 규탄하다.

1952년 4월 12일
'김일성 동지의 탄생 40주년에 즈음하여'라는 축사를 내각 부수상 명의로 발표하다. 축사는 《로동신문》, 《인민》, 《근로자》에 게재되었다. 이 글에서 박헌영은 김일성을 가리켜 "조선 인민의 가장 우수한 아들이며 경애하는 수령"이라 했고 "스탈린의 충실한 제자"라고 표현했다.

1952년 12월 15~18일
조선노동당 중앙위원회 제5차 전원회의에서 '로동당의 조직적·사상적 강화는 우리 승리의 기초'(김일성)라는 보고가 있었다. 보고 직후 소련파로 당 선전부장이던 박창옥이 '남로당 종파주의'를 비판하고 나섰다. 조선로동당 내에 긴장된 분위기가 조성되면서 남로당 계열 간부들에 대한 숙청 바람이 불기 시작했다.

1953년 3월 5일
소련 스탈린이 사망하다. 같은 날 이승엽 등 12명의 남로당 출신 당 간부들이 '조선민주주의인민공화국 정권 전복 음모와 반국가적 간첩테러 및 선전선동 행위에 대한 사건' 연루자로 지목되어 체포되었다.

1953년 3월 11일
박헌영 체포되다.[16]

1953년 7월 2일
내각 부수상 허가이 자살하다. 6월 30일 조선로동당 정치위원회가 허가이에 대해 당 및 국가사업에서 아무런 책임성과 적극성과 창발성을 발휘하지 않았다며 비판한 직후였다.

16 김일성은 평양주재 소련대사에게 박헌영의 범죄혐의 사실에 대해 설명했다. 해방 직후부터 그 시점까지 박헌영과 그 추종자들이 당내에서 종파를 조직했고, 당 기밀을 미국에 누설했으며, 한국전쟁 패배의 원인을 만들었다고 주장했다.

1953년 7월 27일
한국전쟁 휴전.

1953년 8월 5일~9일
조선노동당 중앙위원회 제6차 전원회의의 결정에 따라 당에서 제명되고 재판에 회부되다.

1953년 8월 6일
조선민주주의인민공화국 최고재판소 군사재판부에 의해 이승엽 등 12명에 대한 공판이 진행되다. 재판의 정식 명칭은 '조선민주주의인민공화국 정권 전복음모와 반국가적 간첩테러 및 선전선동 행위에 대한 사건'이다.[17]

1953년 8월 7일
이승엽 등 12명 재판과 박헌영 출당에 관한 뉴스가 서방 측 언론에 보도되다.

1955년 12월 3일
조선민주주의인민공화국 최고검찰소 검사총장 이송운은 박헌영을 '미 제국주의의 고용간첩의 두목', '공화국 전복 기도' 혐의로 기소하다. 박헌영은 변호사의 공판 참가를 희망하지 않는다는 내용의 문건을 자필로 제출했다.

1955년 12월 15일
조선민주주의인민공화국 최고재판소 특별재판에서 사형 및 전 재산 몰수형을 선고받다.

1956년 4월 23~29일
조선노동당 제3차 대회에서 김일성은 연설을 통해 "박헌영·이승엽 도당들은 미제의 고용간첩들과 혁명에서 변절 타락한 자기의 추종분자들을 당 및 국가기관에 잠입시키며, 허가이·주녕하·박일우 및 기타 북반부에 잔존하는 종파분자들을 자기의 주위에 규합하면서 우리 당내 맑은 공기를 더럽히는 데 급급하였다"고 주장했다.

1956년 7월 19일
사형.

17 판결 결과는 다음과 같다. 사형 및 전 재산 몰수: 이승엽, 조일명, 임화, 박승원, 이강국, 배철, 백형복, 조용복, 맹종호, 설정식. 징역형 및 전 재산 몰수: 윤순달(15년), 이원조(12년)